LA VÉRITÉ

SUR LES

INSTITUTIONS DE CRÉDIT

PRIVILÉGIÉES

EN FRANCE

La Banque de France — Le Comptoir national d'escompte
La Société générale de Crédit industriel et commercial
Le Crédit foncier de France — Le Crédit agricole — Le Crédit mobilier

PAR

RAOUL BOUDON

Que de magots financiers prennent le Pirée
pour un nom d'homme, et n'en sont pas
moins sauvés du naufrage par le dauphin
de la crédulité publique!

PARIS

LIBRAIRIE DE DUBUISSON ET Cⁱᵉ, 5, RUE COQ-HÉRON

1862

LA VÉRITÉ

SUR LES

INSTITUTIONS DE CRÉDIT

PRIVILÉGIEES EN FRANCE

PARIS — IMPRIMERIE DE DUBUISSON ET Cᵉ, 5, RUE COQ-HÉRON.

LA VÉRITÉ

SUR LES

INSTITUTIONS DE CRÉDIT

PRIVILÉGIÉES

EN FRANCE

La Banque de France — Le Comptoir national d'escompte
La Société générale de Crédit industriel et commercial
Le Crédit foncier de France — Le Crédit agricole — Le Crédit mobilier

PAR

RAOUL BOUDON

> Que de magots financiers prennent le Pirée
> pour un nom d'homme, et n'en sont pas
> moins sauvés du naufrage par le dauphin
> de la crédulité publique!

PARIS

LIBRAIRIE DE DUBUISSON ET Cᵉ, 5, RUE COQ-HÉRON

—

1862

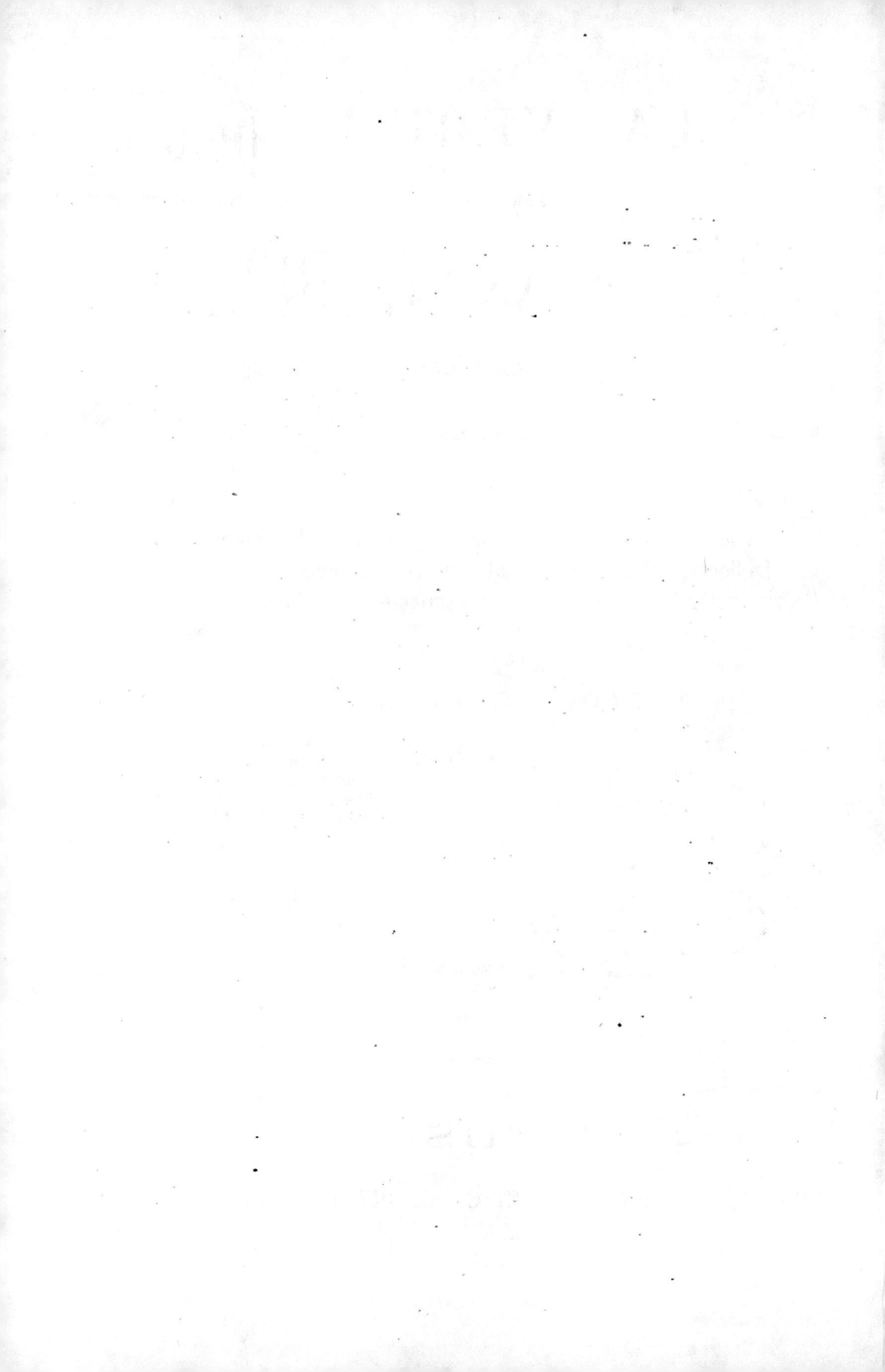

LE CRÉDIT.

Le crédit est l'intermédiaire obligé entre le travail et le capital, dont l'association est nécessaire pour accomplir l'œuvre de la production et de la distribution des richesses.

Le crédit se divise donc en deux branches principales :

Le crédit à *long terme*, nécessaire à la création et à la manutention des produits ;

Le crédit à *court terme*, convenable seulement à leur échange et à leur distribution.

Nous allons examiner successivement les institutions financières qui jouissent en France du privilége de l'anonymat.

Nous ferons connaître leurs différentes manières d'opérer, et nous nous bornerons à indiquer les seules améliorations réellement pratiques qui peuvent être réalisées immédiatement, sans qu'il soit besoin de rien changer aux bases sur lesquelles ces institutions ont été établies.

Le progrès ne consiste pas seulement à réformer ce qui est défectueux, mais aussi à améliorer ce qui est imparfait.

Malheureusement, il faut bien le dire, si nous avons, en matière de finances, beaucoup à améliorer en France, nous avons à réformer peut-être plus encore.

Nous allons commencer notre série d'études par les institutions de crédit à court terme, connues sous le nom de Banques commerciales.

PREMIÈRE PARTIE

LES INSTITUTIONS DE CRÉDIT A COURT TERME.

Les opérations de banque se divisent en quatre branches principales :

La *circulation* et le *dépôt*, qui les alimentent d'espèces ;

Le *change* et l'*escompte*, auxquels elles emploient ces espèces.

Chacune de ces branches d'opérations se divise elle-même en plusieurs rameaux. Ainsi, la *circulation*, par exemple, ne comprend pas seulement celle des billets au porteur, remboursables à vue, et que la Banque de France a seule le privilége de faire circuler, mais encore la circulation des bons de caisse à échéance fixe, émis par d'autres banques, celle des effets de commerce qui circulent, par transfert, depuis le jour de leur création jusqu'au jour de leur échéance, etc.

Le *dépôt* se divise aussi en dépôt simple et en dépôt en compte courant, en dépôt remboursable à la volonté du déposant ou dans un délai variable, mais déterminé à l'avance; en dépôt gratuit ou productif d'intérêt.

Le *change* comprend lui-même le commerce du papier de banque, la négociation des connaissements, etc., et enfin l'*escompte* ne s'applique pas seulement aux effets de commerce, mais encore aux factures et aux warrants. Les avances sur titres et sur consignation de marchandises rentrent aussi, quoique moins directement, dans la catégorie de l'escompte.

On désigne sous le nom de haute banque les maisons qui font principalement le change, c'est-à-dire la négociation des effets du commerce extérieur; et, sous le nom de banque d'escompte, celles qui se livrent plus particulièrement à la négociation des effets du commerce intérieur.

Cependant, aucune banque ne se borne à l'exploitation spéciale d'une seule de ces branches. Ainsi, la Banque de France est à la fois banque de circulation, d'escompte et de dépôt. Le Comptoir National, qui pratique plus particulièrement l'escompte des billets du commerce intérieur, fait aussi le change, reçoit des dépôts en compte courant, et c'est surtout par le réescompte qu'il alimente le roulement de ses opérations.

La Société générale de Crédit industriel et commercial, qui fait principalement le commerce du papier de banque, pourvoit en grande partie, au contraire, à ses opérations avec les fonds provenant de ses dépôts.

Il est facile de se faire, par cette courte analyse, une idée de l'ensemble des opérations de banque.

Notre but étant d'étudier et de critiquer plus spécialement celles de nos institutions de crédit qui jouissent du privilége de l'anonymat, — lesquelles ont été créées dans un but d'utilité générale et non en vue de donner satisfaction à un intérêt particulier, — nous n'avons point à nous occuper ici des opérations des banques particulières ; nous allons donc commencer notre examen par celles de la Banque de France, qui, à cause de son importance comme seule banque publique de circulation, doit être mise en tête de toutes les autres.

LA BANQUE DE FRANCE.

I

Si ce qui est vrai n'est pas toujours vraisemblable, ce qui est vraisemblable n'est pas non plus toujours vrai.

La Banque de France a été fondée, le 13 février 1800, au capital de 30 millions, mais sans privilége exclusif. Il existait, au moment de sa création, plusieurs autres institutions semblables, émettant des billets au porteur remboursables à vue. De ce nombre étaient la *Caisse d'escompte du commerce* et le *Comptoir commercial*, qui, nés avec la République, disparurent avec elle, à l'avénement du privilége de la Banque et de l'Empire.

En effet, la loi du 14 avril 1803 accorda à la seule Banque de France le droit d'émettre des billets au porteur remboursables à vue; fixa à quinze ans la durée de ce privilége, et à 45 millions le nouveau capital de cette Banque. Une sorte de directoire, composé de trois membres choisis parmi les régents nommés par l'assemblée générale des actionnaires, était chargé de la direction de l'établissement.

Avec l'Empire arrivèrent trois gouverneurs nommés par l'Empereur, qui remplacèrent le comité de direction, et la loi du 22 avril 1806, qui constitua ce nouvel état de choses, prolongea de vingt-cinq ans le privilége qui avait été concédé seulement pour quinze années par la loi du 14 avril 1803, ce qui prorogea ce privilége jusqu'en février 1840, cette même loi augmenta le capital social de la Banque de 45 millions, et le porta ainsi à 90.

La réserve de la Banque ayant été employée, depuis ce décret jusqu'en 1820, au rachat de ses actions, 22,100 actions ainsi rachetées furent annulées en 1822, ce qui réduisit son capital à 67,900,000 fr. jusqu'en 1848. La fusion des neuf banques départementales avec la Banque de France, qui eut lieu après la révolution de février, porta alors son fonds social à 94,250,000 fr.

La loi de 1840 avait prorogé le privilége de

la Banque jusqu'en 1867, et celle du 9 juin 1857, qui lui imposa l'obligation d'augmenter son capital de 91,250,000 fr. en rentes sur l'Etat, *inaliénables*, — grosse erreur économique et financière, — porta définitivement le capital de la Banque à 182,500,000 fr.

Jusqu'en 1847, les coupures des billets émis par la Banque furent de 5,000, 1,000 et 500 fr. La loi du 10 juin 1847 autorisa les coupures de 200 fr., et le décret du 15 mars 1848 celles de 100 fr.

Avant 1834, les opérations de la Banque de France étaient limitées à celles de l'escompte et du recouvrement des effets de commerce, aux dépôts volontaires ou en compte courant.

La loi du 14 mars 1834 l'autorisa à faire des avances sur fonds publics français à échéances non déterminées, en d'autres termes sur les rentes de l'État.

Un décret du 26 mars 1848 lui donna la faculté d'accepter comme troisième signature les récépissés de dépôts de marchandises qu'on désigne aujourd'hui sous le nom de *warrants*.

Enfin les décrets des 3 et 28 mars 1852 l'ont autorisée à prêter sur actions et obligations des compagnies de chemins de fer et sur obligations de la ville de Paris.

Telles sont, en ce qui concerne les opérations

de la Banque, les modifications ou adjonctions apportées à ses statuts de 1808. Pour ce qui est des modifications intervenues dans ses règlements intérieurs, elles n'offriraient que peu d'intérêt à nos lecteurs, et il est inutile de les mentionner ici. Rappelons seulement que la Banque de France est aussi en relations financières avec le Gouvernement, dont le Trésor est en compte courant avec elle, et qu'il serait bien à désirer, dans l'intérêt public, que tous les Gouvernements se bornassent à ces seules relations.

II

DE LA CIRCULATION DES BILLETS AU PORTEUR.

La Banque de France n'a pas été instituée, comme on s'obstine à le dire et à l'écrire, dans le seul intérêt du commerce, mais bien dans l'intérêt public; et si tel n'a pas été le but principal de ses fondateurs, en abordant la question par le petit bout, c'est-à-dire par la banque d'escompte, qui favorise spécialement les intérêts commerciaux, le seul instinct de nos besoins économiques et financiers les a conduits alors à la solution du problème par le gros bout, c'est-à-dire par la banque de circulation, qui répond à l'intérêt le plus général, et sans laquelle la banque d'escompte ne pourrait être alimentée d'espèces.

Mais les fondateurs de la Banque de France n'avaient pas des idées aussi étroites que celles qu'on veut bien leur prêter ; ils comprenaient, dans toute sa grandeur, le but qu'ils se proposaient d'atteindre en fondant cette institution de crédit. Il suffit, pour s'en convaincre, de lire un peu attentivement le simple et lucide préambule dont ils ont fait précéder leurs statuts.

Pour pouvoir escompter les effets de commerce, la Banque doit donc mettre d'abord en circulation, à la place de l'or et de l'argent, un instrument d'échange moins lourd à porter, plus facile à numérer, plus commode à transmettre que les métaux précieux. Cet instrument, désigné sous le nom de *billet de banque*, est un simple récépissé des espèces déposées à la Banque ; il circule comme représentant de ces espèces ; il les remplace dans l'échange des valeurs, et rend ainsi disponible le numéraire qui peut être utilisé alors par l'escompte au profit de l'industrie et du commerce.

Les avantages qui résultent pour le public de l'intervention du billet de banque dans les transactions sociales, sont trop évidents et trop con-

nus pour qu'il soit nécessaire de les énumérer ici.
Bornons-nous à faire observer que le besoin commercial des billets de banque grandit à mesure
que les transactions de toute nature se multi-
plient, par l'augmentation de la population et de
la richesse, et que, par conséquent, l'éventualité
de leur remboursement, c'est-à-dire de leur rentrée à la Banque après leur émission, diminue en
raison de l'extension de ce besoin. L'accroissement continu de la circulation des billets de la
Banque de France, depuis son origine jusqu'à ce
jour, est la preuve de l'existence de ce fait économique, que nous tenons à bien constater avant
d'entrer dans l'analyse de ses diverses opérations.

—

Ce besoin permanent d'employer les billets de
banque à la place de l'or et de l'argent dans les
transactions journalières est la base fondamentale
sur laquelle repose tout l'édifice de la Banque de
France. C'est ce besoin de ses billets qui l'alimente
d'espèces, qui pourvoit, d'une manière constante,
à ses opérations d'escompte et d'avances sur titres.
Toutes les autres sources où la Banque puise des
capitaux, à l'exception de ceux qui proviennent de

son fonds social, sont éventuelles. Sa fonction comme banque d'escompte est donc nécessairement subordonnée à sa fonction comme banque de circulation, et cette dernière fonction est par conséquent la plus importante de toutes celles de son organisme.

Puisque la circulation des billets au porteur est la fonction mère de la Banque de France, celle qui donne la vie et le mouvement à toutes les autres, commençons par bien nous rendre compte de cette opération.

La circulation permanente des billets de banque est assurée par le fait seul qu'ils répondent à un besoin permanent de toutes les transactions, et parce que leur émission, grâce à la faculté qu'ont les porteurs d'exiger à tout moment de la Banque leur remboursement en espèces, ne peut jamais excéder ce besoin et occasionner une dépréciation de ces billets.

Le besoin des billets de banque étant toujours supérieur au besoin d'espèces dans le roulement des affaires commerciales, les demandes de numéraire à la Banque sont toujours inférieures aux demandes de billets, et la suspension de leur payement en numéraire n'est jamais possible, du moment où la Banque fait, de ce numéraire, un emploi conforme aux exigences de la circulation de ces mêmes billets.

Mais, disent certains publicistes, la Banque de France a été obligée, en 1848, de suspendre le payement de ses billets au porteur, et elle serait tombée en faillite si elle n'avait pas adopté l'expédient du cours forcé ; donc établissons en permanence, sous la dénomination de cours légal, le cours forcé, pour que la Banque ne soit pas obligée d'avoir recours à cette mesure, même une seule fois en 62 ans (1).

D'abord, est-il bien utile que la Banque aille se jeter pendant 62 ans dans le puits du cours

(1) Certaines personnes entendent par cours légal l'obligation pour les particuliers et pour le gouvernement d'accepter en payement les billets de banque comme la monnaie métallique, mais non la dispense pour la Banque de les rembourser en espèces. Il est évident que cette mesure ainsi comprise n'aurait aucun des inconvénients du cours légal en tant que cours forcé. Mais la seule différence qui en résulterait avec l'état actuel, c'est que le créancier, n'ayant plus le droit d'exiger de son débiteur un payement en espèces, serait obligé, s'il avait besoin d'argent, d'aller échanger à la Banque les billets qu'on lui aurait donnés en payement ; tandis qu'aujourd'hui, c'est le débiteur qui est obligé de faire cet échange si le créancier veut être remboursé en espèces.

Le cours légal ainsi entendu ne ferait que transporter au débiteur la faculté qu'a aujourd'hui le créancier. La liberté n'est-elle pas préférable ?

légal pour se garantir contre une pluie de remboursements qui pourrait peut-être arriver une fois en 62 ans? Franchement, cela ne nous paraît pas absolument nécessaire. Mais ensuite, est-il bien exact qu'en 1848 la Banque se soit trouvée en état de faillite ?

Qu'à cette époque la Banque de France, sous l'influence de la panique générale qui régnait alors, ait eu la crainte de ne pouvoir faire face au remboursement de ses billets au porteur, cela n'est pas douteux ; la mesure du cours forcé, adoptée par elle, en est la preuve. Mais que la Banque ait été réellement en état de faillite et n'ait été préservée de cette faillite que par la mesure du cours forcé, c'est là un fait dont on aurait dû prouver l'existence avant de s'en servir comme argument en faveur du cours légal.

Eh bien ! nous avons fait des recherches très minutieuses à ce sujet, et il en est résulté pour nous la conviction que le cours forcé des billets de la Banque de France, en 1848, a été une mesure de pure précaution, mesure que nous ne blâmons pas, prise sous la seule influence de la situation politique d'alors, mais nullement nécessitée par sa situation financière ; en voici la preuve.

Au 15 mars 1848, époque à laquelle a été décrété le cours forcé, l'encaisse métallique, à Paris et dans les succursales, s'élevait au chiffre d'envi-

ron 85 millions, et la circulation des billets au porteur à peu près à 205 millions. L'émission des billets excédait donc de 120 millions le montant de
l'encaisse. Or, si cette différence entre l'encaisse
et la circulation constituait la Banque de France en
état de faillite, elle était bien autrement en faillite
en 1847, lorsque sa circulation de 218 millions
excédait de 140 millions son encaisse, tombée à 78
millions. Elle était plus en faillite encore en 1846,
quand elle avait en circulation 243 millions de billets, avec une encaisse de 90 millions, ce qui laissait une différence de 153 millions entre les billets
remboursables à vue et les espèces en caisse, au
lieu de 120, comme en 1848. Et cependant, la
Banque n'avait pas eu besoin du cours forcé en
1846 et en 1847 pour pouvoir faire face au remboursement de ses billets à vue, bien qu'elle fût dans
une situation beaucoup moins favorable qu'en
1848, au moins sous le rapport pécuniaire. Les
véritables embarras de la Banque à cette époque
provenaient du remboursement des sommes qui
lui avaient été versées en compte courant par les
particuliers et surtout par le Trésor, auquel elle fut
obligée de prêter 50 millions le 31 mars suivant.

Malgré cela, la Banque de France n'était pas
encore en état de faillite comme on veut bien le
dire, et elle n'avait pas besoin du cours forcé pour
pourvoir, aussi facilement que les années précé-

dentes, aux besoins de tous ses services. Cela ressort très clairement de sa situation financière au 31 mars 1848, dont l'encaisse était reportée à 115 millions, tant par la rentrée d'une partie des billets restés en souffrance à l'échéance de fin février que par le recouvrement de ceux de fin mars.

Les bouleversements politiques de 1848 lui ont-ils fait courir quelques dangers ? On l'a dit, on l'a répété et écrit souvent, mais la vérité est qu'elle n'en a couru aucun ; nous en trouvons la preuve certaine dans l'effet produit par le cours forcé lui-même sur ses billets en circulation.

Si, au 15 mars 1848, les porteurs de billets de banque avaient eu réellement besoin d'espèces, soit par peur des complications politiques, soit par nécessité de leurs affaires, le refus par la Banque de rembourser ses billets en monnaie métallique n'était certes pas de nature à amoindrir ce besoin, et ce besoin devenant plus grand encore avec le cours forcé que sans le cours forcé, la dépréciation des billets de la Banque était la conséquence nécessaire, inévitable. de son refus de les rembourser en numéraire.

La dépréciation des billets de la Banque de

France n'ayant pas eu lieu à la suite du cours forcé (1), car la prime qui a été prélevée quelque temps par les changeurs n'a jamais été exigée dans les transactions commerciales, il est clair comme le jour que le besoin de remboursement en espèces, même pour raison de panique, n'était pas ressenti par la majorité des porteurs de billets de banque en 1848, et que ce besoin ne s'est point manifesté non plus les mois suivants, puisque la circulation a pu s'accroître, très modérément, il est vrai, sans que ces billets subissent la moindre dépréciation.

Or, le besoin d'espèces n'existant évidemment pas en 1848 pour les porteurs de billets de banque, le cours forcé n'a pu protéger l'encaisse métallique contre ce besoin imaginaire, mais tout simplement contre les appréhensions de ses administrateurs.

(1) Elle avait eu lieu avant. C'est lorsque le bruit se répandit dans le public, vers le 12 mars, que le cours forcé allait être décrété qu'il y eut une véritable panique, et c'est surtout par les changeurs que les guichets de la Banque étaient encombrés. Nous nous rappelons que nous-même, le jour où ce bruit fut propagé, nous allâmes à la Banque pour échanger nos billets, et que, n'ayant pu arriver au guichet après plus d'une heure d'attente, nous nous sommes résigné à les garder. Ajoutons que le lendemain un honorable négociant, M. G..., qui venait de recevoir d'Amérique une somme assez importante en argent, nous offrit, comme à beaucoup d'autres personnes de notre connaissance, de nous changer au pair nos billets de banque contre des écus. Celui-là n'avait pas peur que la Banque tombât en faillite.

Le cours forcé, en empêchant le numéraire de sortir de la Banque, devait empêcher en même temps celui du dehors d'y rentrer, et c'est en effet ce qui arriva. En voici encore la preuve.

Pendant les deux années de cours forcé, c'est-à-dire en 1848 et 1849, la moyenne de l'encaisse métallique a été de 266,250,000 fr. Laissons de côté l'encaisse moyenne de 472 millions de l'année 1850, pendant laquelle il y a eu sept mois de cours forcé et cinq mois de cours libre, et ne prenons que la moyenne de l'encaisse des deux années 1851 et 1852, pour les comparer à celle des deux précédentes. Nous trouverons que pour ces deux années l'encaisse moyenne a été de 509 millions au lieu de 266,250,000 fr., comme en 1848 et 1849, c'est-à-dire que deux ans de cours libre ont procuré à l'encaisse moyenne de la Banque 243 millions de plus que deux ans de cours forcé.

La circulation des billets au porteur n'a pas éprouvé une impulsion moins grande après la cessation du cours forcé, car la moyenne des émissions de billets, pendant les années 1848 et 1849, n'a été que de 350 millions, tandis qu'elle a atteint le chiffre de 550 millions en 1851 et 1852.

Telle a été la véritable cause, et tel a été le résultat positif de ce cours forcé accidentel, que certains financiers voudraient établir en permanence sous le pseudonyme de cours légal, et sous le prétexte que la Banque de France est de fait en état presque continuel de faillite.

—

La liberté est une plante vivace et fertile, qui peut se développer, presque sans culture, dans toutes les branches de l'activité nationale. Mais, lorsqu'il s'agit de crédit, cette liberté a besoin de tous les ménagements d'une plante de serre chaude, elle devient une véritable sensitive, et l'on ne devrait jamais oublier qu'on ne peut y toucher sans la flétrir.

MM. Fould, Baroche et Gouin doivent savoir maintenant ce qu'il en a coûté au Trésor pour avoir voulu substituer, dans l'opération de la conversion, le principe de la légitimité au principe de la liberté du cours de la rente, et ils peuvent juger, par les résultats qu'ils ont obtenus, si cette opération financière, protégée par la légitimité du cours de conversion à 74, a rendu au trois pour cent (qui est aujourd'hui, 20 septembre 1862, à 68,20), cette *élasticité* qui devait selon eux élever le crédit de l'État à des hauteurs jusqu'alors inconnues (1).

S'il y a quelques économistes qui se passionnent, peut-être un peu prématurément, pour la liberté complète des banques de circulation, en revanche, les économistes officieux ne songent qu'à l'entourer de langes; et si le Gouvernement se laissait entraîner à la suite de ces financiers empiriques, la richesse de la France, que le triomphe momentané de leurs doctrines a déjà quelque peu atteinte, serait bientôt entièrement anéantie. Le cours légal des billets de banque paraissant être une de leurs prédilections, examinons avec quelque attention ce qu'il y a réellement au fond de cette prétendue panacée du crédit.

---

(1) Les Gouvernements économes, qui savent proportionner leurs dépenses aux forces productives du pays, et qui cherchent à diminuer leur dette par l'amortissement, n'ont aucun intérêt à l'élévation du cours de la rente, l'amortissement de cette dette étant d'autant plus onéreux pour la nation que ce cours est plus élevé, et ils se gardent bien d'avoir recours à de pareils moyens financiers pour galvaniser momentanément le crédit de l'État.

Les Gouvernements dispendieux, au contraire, qui, par des emprunts sans cesse renouvelés, augmentent successivement la dette au lieu de l'amortir, ont seuls intérêt à élever le cours de la rente afin de pouvoir emprunter à meilleur marché.

Nous avons dit que la circulation des billets de banque était assurée en tout temps et en toute circonstance, parce qu'elle répondait à un besoin permanent des transactions civiles et commerciales. L'histoire de la circulation des billets au porteur de la Banque prouve péremptoirement que ce fait économique peut être regardé comme un axiome en matière d'économie financière.

Nous avons dit encore que l'accroissement de la richesse et de la population augmentait de plus en plus le besoin de ces billets, ce qui en nécessite une émission de plus en plus considérable et diminue progressivement les éventualités de leur remboursement après leur émission par la Banque; et cela est encore prouvé par l'augmentation constante de leur circulation qui, du chiffre maximum de 23 millions qu'elle atteignait en l'année 1800, s'est élevée jusqu'à 802 millions en 1861.

Toute la question de l'utilité du cours légal est donc là. Y a-t-il, oui ou non, un besoin *réel et permanent* du billet de banque dans les transactions sociales? Si oui, — les faits le prouvent et personne ne le conteste, — où est la nécessité du cours légal, pour obliger le public à satisfaire un pareil besoin? A-t-on jamais songé à faire des lois et des règlements pour le contraindre à manger, à boire et à dormir? Eh bien! du moment où on reconnaît que la circulation des billets de banque répond à un besoin d'économie sociale *permanent*, c'est-à-dire à une fonction du corps commercial et industriel, aussi impérieuse que sont celles de manger, de boire et de dormir pour le corps humain, à quoi peut servir, demandons-le encore, le cours légal ou forcé des billets de banque?

N'est-il pas évident que ce cours légal est complétement inutile, non-seulement pour assurer la circulation permanente de ces billets, mais encore pour mettre la Banque entièrement à l'abri des remboursements subits et imprévus?

Si donc la logique ne doit pas être exclue de l'économie politique, il faut bien conclure de ce qui précède que le cours légal des billets de banque est une conception radicalement fausse, aussi bien en théorie qu'en pratique.

Mais si le billet de banque répond à un besoin essentiel de la vie commerciale, est-ce à dire que l'instrument d'échange, l'or et l'argent que le billet de banque représente, ne répondent pas eux aussi à un semblable besoin?

N'y a-t-il pas maintes circonstances dans lesquelles les opérations commerciales, surtout celles qui ont lieu à l'étranger, nécessitent l'emploi de l'or et de l'argent, qui sont l'équivalent réel de toutes les valeurs? et le cours légal ou forcé des billets de banque ne serait-il pas un obstacle à la satisfaction de ce second besoin?

Si la Banque n'échangeait plus ses billets contre du numéraire à la volonté du porteur, où et comment se procurerait-on celui qui est indispensable dans ces sortes d'affaires?

L'or et l'argent deviendraient alors un objet d'accaparement et de spéculation plus encore qu'ils ne le sont aujourd'hui; l'équilibre entre la valeur du billet de banque et celle du numéraire serait bien vite rompu, et ce dernier ferait prime.

Par quel moyen la Banque pourrait-elle reconnaître, d'ailleurs, que ses émissions dépassent les besoins de la circulation, du moment où on ne pourrait plus lui demander le remboursement, en numéraire, des billets qui excéderaient ces besoins? L'excès de ses émissions ne pourrait plus lui être révélé évidemment que par la dépréciation de ses billets, c'est-à-dire après la perturbation produite dans les affaires par cette dépréciation, laquelle durerait nécessairement pendant tout le temps que la quantité exagérée des billets qui circule ne serait pas réduite; et comment pourrait-on réduire cette quantité sans rembourser une partie de ces billets en espèces, et sans que la Banque subisse une perte proportionnelle à leur dépréciation?

Ce n'est donc pas comme monnaie légale, mais bien comme *libre* représentant du numéraire déposé à la Banque, que le billet au porteur peut être accepté, en échange de toutes les valeurs, dans les transactions commerciales; c'est uniquement aussi comme *libre* représentant de ce numéraire que sa valeur peut être constamment maintenue en équilibre parfait avec celle de l'or et de l'argent, et être ainsi à l'abri de toute dépréciation possible. Il est évident, en effet, que du moment où l'on ne pourrait plus échanger à volonté le billet de banque contre le numéraire, ce dernier ne pourrait plus être représenté exactement par lui, et l'équilibre entre leurs valeurs serait nécessairement rompu toutes les fois que les émissions excéderaient les besoins de la circulation. Or, ces besoins variant plusieurs fois par année, — ainsi que les variations annuelles des émissions faites actuellement par la Banque le démontrent clairement, — la dépréciation des billets de banque devrait se produire plusieurs fois par an avec le régime du cours légal.

Est-ce que la valeur légale de la monnaie a jamais pu fixer la valeur de l'or et de l'argent?

n'est-ce pas toujours, au contraire, celle de l'or et de l'argent qui, en dépit de toutes lois, de tous décrets, de toutes conventions, fixe la valeur *réelle* de la monnaie légale? Sans doute cette valeur reste nominalement la même, mais à quoi sert cette fixité nominale, si la quantité qu'il en faut pour être échangée contre un même poids d'or est constamment variable?

En résumé, le cours légal ou forcé des billets au porteur, au lieu d'attirer à la Banque tout le numéraire employé aux transactions commerciales, retiendrait forcément éloigné de cet établissement celui qui, en dehors des billets de banque, serait nécessaire à ces transactions; il restreindrait d'autant les émissions de la Banque, diminuerait ses ressources et, par conséquent, les services, qu'avec le cours libre de ses billets, elle peut rendre actuellement aux affaires. Le cours légal obligerait même le public à pratiquer, individuellement, sur une plus ou moins grande échelle, la thésaurisation, l'enfouissement des métaux précieux, dont le cours libre des billets de banque a eu, au contraire, pour effet de le détourner au grand avantage de la richesse publique, tant il est vrai qu'en ce monde il n'est point de problème d'économie sociale dont la solution soit possible en dehors de la liberté.

III

DE L'ÉMISSION DES BILLETS AU PORTEUR.

La plupart des publicistes qui ont écrit récemment sur la Banque de France parlent de l'émission de ses billets au porteur comme s'ils ne se rendaient pas très clairement compte de cette opération. Nous croyons donc nécessaire de bien préciser ici ce qu'on doit entendre par ce mot *émission*, avant de nous occuper des opérations d'escompte, car de la confusion de ces deux fonctions différentes de la Banque est née probablement l'erreur, qu'en fabriquant un billet la Banque crée une valeur réelle.

Ainsi, par exemple, on dit souvent, en parlant du monopole de la Banque de France, « que cet établissement a le privilége de battre monnaie. » Qu'entend-on par cette expression *battre monnaie*? Nous comprenons qu'on veut dire, par là, qu'en fabriquant un billet de mille francs, la

Banque crée une valeur de mille francs, car quelle autre signification pourrait-on prêter à cette expression : battre monnaie?

Quelle signification, autre que celle-là, peut avoir encore cette phrase : « La Banque se procure des capitaux en les faisant sortir du néant, par la fabrication des billets de banque?.» C'est donc bien une valeur réelle que crée la Banque en fabriquant des billets, selon ces économistes, puisqu'elle fait sortir du néant le capital lui-même par cette fabrication ; et la preuve que c'est bien là leur pensée, c'est qu'ils en tirent la double conséquence, que « l'argent ne lui coûte rien, et qu'elle peut s'en procurer indéfiniment par l'émission de ses billets, selon ses besoins. »

On se demande comment, après avoir posé ces prémisses, «que la Banque de France bat monnaie,
» qu'elle fait sortir les capitaux du néant, que
» l'émission de ses billets n'a aucune limite, que
» l'argent ne lui coûte rien, qu'elle peut s'en pro-
» curer indéfiniment, selon ses besoins; » on se demande, disons-nous, comment on peut arriver à conclure de là qu'elle est exposée, sans cesse,

à tomber en faillite, et qu'il n'y a que le cours légal ou forcé qui puisse la mettre à l'abri d'une suspension de payements en numéraire.

Eh bien! il y a des économistes, et le nombre en est grand, qui ne croient pas à la liquéfaction du sang de saint Janvier; mais il est certains d'entre eux qui croient si fermement à cet autre miracle, que la Banque de France et toutes les autres banques de circulation en général peuvent faire sortir les capitaux du néant — en fabriquant et en émettant des billets — qu'aucun raisonnement, aucune logique ne pourra jamais arracher de leur cerveau cette croyance, qui s'y est fatalement incrustée.

Ah! saint Augustin n'avait raison qu'à moitié quand il disait que l'homme n'avait pas besoin de comprendre pour croire en religion, car il paraît qu'il n'a pas besoin de comprendre non plus pour se faire une opinion en finances, en économie politique et en beaucoup d'autres choses encore. *Credit semper quia non comprehendit.* Plus respectueux pour nos auteurs que saint Augustin ne l'était pour ses coreligionnaires, nous ne disons pas *quia absurdum.*

Quant à nous qui, par instinct plus que par raisonnement, ne sommes pas éloignés de croire que la génération spontanée a présidé à l'enfantement des mondes, Dieu est pour nous un trop savant architecte et un économiste trop éclairé, pour que nous puissions supposer jamais que, une fois le monde créé, il ait pu trouver imparfaite son œuvre primitive, et qu'il ait cru nécessaire, plus tard, de la réformer, en confiant à une autre force génératrice que celle du travail humain la reproduction et la multiplication des capitaux. Sans travail *productif*, il ne peut y avoir production de capital.

La fabrication et l'émission des billets de banque ne font donc pas sortir les capitaux du néant, puisque ces billets ne peuvent être que la représentation d'un capital déjà existant. Ils font tout simplement sortir le numéraire représenté par les billets de banque de la poche du public, qui trouve plus commode d'opérer ses ventes et ses achats avec ces billets qu'avec de l'or et de l'argent.

Cette explication est moins miraculeuse sans doute que celle de nos contradicteurs, mais elle est plus naturelle et beaucoup plus exacte.

Ce déplacement de numéraire, qu'il ne faut pas confondre avec le déplacement des capitaux, facilite la circulation des produits à travers le labyrinthe commercial qui sépare la production de la consommation, et il en résulte une immense économie de temps, plus l'économie du capital représenté par la valeur du numéraire, lequel, déposé à la Banque, pourra être employé alors utilement aux opérations d'escompte, comme nous le verrons plus loin. Tels sont les seuls résultats et les seuls avantages de l'émission des billets de banque; nous ne croyons pas qu'il en existe d'autres.

—

Nos lecteurs pourront tirer maintenant eux-mêmes de ces faits les conséquences économiques suivantes :

1° La fabrication des billets de banque ne crée absolument aucune valeur, et ces billets sont acceptés, dans les transactions commerciales, non comme *monnaie*, mais comme *représentants* de la monnaie métallique déposée à la Banque.

2° L'émission des billets de banque, loin de n'avoir aucune limite, est, au contraire, nécessairement limitée au besoin que le public a de ces billets, car le jour où ces billets ne lui sont plus utiles, le public n'en prend plus, et la Banque se trouve dans l'impossibilité d'en émettre plus qu'il ne lui en rentre.

3° Au lieu de ne coûter absolument rien à la Banque, le numéraire lui coûte positivement les frais d'administration qui sont nécessaires pour fabriquer les billets, les distribuer, les faire circuler dans toute la France et recevoir les espèces ou les effets de commerce qu'on lui remet en échange, ce qui absorbe une somme d'environ six millions par an, soit à peu près un pour cent du produit moyen de ses émissions.

4° Elle ne peut pas non plus se procurer *indéfiniment* de l'argent, puisque le public ne lui en donne plus quand il n'a plus besoin de ses billets ; d'où il résulte que les ressources de la Banque en numéraire sont limitées nécessairement au besoin qu'a le public de ses billets ; de telle sorte qu'une émission exagérée de ces billets n'est pas possible.

——

Que veulent dire aussi ces mots : « *Émettre des billets de banque?* » C'est échanger, nécessairement, ses billets contre une valeur égale. A moins que la Banque ne les donne gratuitement au public, il faut, de toute nécessité, qu'il rentre dans sa caisse ou dans son portefeuille une valeur équivalente à celle qui en est sortie en billets ; par conséquent, considérée isolément, l'opération de l'émission ne peut jamais avoir aucun danger pour la Banque, puisque, soit qu'elle émette un milliard de billets, en échange desquels elle reçoit toujours une valeur équivalente, soit qu'elle n'en émette que cent millions, ses ressources pécuniaires et ses éventualités de remboursement restent exactement dans la même proportion.

Ainsi, on commet une grave erreur en attribuant à la seule *émission exagérée* de leurs billets la suspension de payement en numéraire de certaines banques, notamment de celles des États-Unis.

La seule cause à laquelle on puisse attribuer toute suspension de payements en espèces par une banque de circulation quelconque, c'est le mauvais emploi que cette banque peut avoir fait du capital produit par ses émissions, mauvais emploi qui provoque aussi bien une suspension de payements en numéraire, quand l'émission des billets est très limitée, que lorsqu'elle est très considérable.

Or, nous défions qu'on nous cite un seul

exemple d'une banque qui, ayant toujours fait un emploi convenable du numéraire provenant de ses émissions, quelque considérables qu'elles soient, ait jamais été obligée de suspendre le payement de ses billets en espèces.

A quoi servent donc toutes ces théories à perte de vue sur le danger des émissions excessives, sur la nécessité de les limiter dans une proportion quelconque de l'encaisse métallique, etc., etc., véritables superfluités théoriques et pratiques qui ne peuvent qu'embrouiller la question des banques au lieu de l'éclaircir ? Employer le produit des émissions de manière à pouvoir constamment et régulièrement rembourser à vue les billets qui se présentent, voilà toute la question pour les banques, voilà le besoin réel essentiel qui doit déterminer l'importance de l'encaisse métallique, besoin très variable et qui rend par conséquent impossible toute proportion fixe entre l'émission et l'encaisse. Plus les banques sauront pourvoir exactement à ce besoin de la circulation, plus leurs émissions seront considérables, plus leur garantie sera sérieuse, plus grands seront les services qu'elles rendront au public et au commerce, et plus diminueront les éventualités de remboursement de leurs billets en circulation.

Certains économistes ne paraissent pas se rendre suffisamment compte non plus de la différence qui existe entre les deux fonctions que remplit simultanément la monnaie dans les échanges, et qui sont celle de *mesure* des valeurs et celle d'*équivalent* de ces valeurs. De là une confusion continuelle entre ces deux fonctions, d'où naissent les théories les plus étranges en matière de banque et de circulation monétaire.

Comme mesure et comme étalon des valeurs, la monnaie n'a pas plus besoin d'avoir une valeur réelle que le mètre n'a besoin d'être en soie pour pouvoir mesurer une pièce de velours ou de satin, que le gramme n'a besoin d'être en or ou en argent pour pouvoir indiquer le poids de ces métaux précieux.

Mais comme instrument d'échange, on comprend de suite qu'elle doit avoir une valeur réelle; autrement, comment pourrait-elle être échangeable contre tous les produits qui en ont une? N'est-il pas dans l'ordre naturel des choses de ne pouvoir échanger un objet qui n'a pas de valeur contre un objet qui en a?

Lors donc qu'il s'agit d'acheter ou de vendre

des produits quelconques, la monnaie intervient d'abord comme mesure des valeurs, pour déterminer celle de ces produits ; mais pour pouvoir être échangée contre ces mêmes produits, il est de toute nécessité qu'elle présente ou qu'elle représente une valeur équivalente à la leur, car c'est seulement à cette condition que peuvent s'effectuer toutes les transactions commerciales. Or, la monnaie ne pourrait servir que comme mesure des valeurs et non comme instrument d'échange, si elle ne représentait pas un équivalent réel de toutes les valeurs échangeables : cela est clair.

La garantie du billet de banque ne peut donc être complète elle-même qu'à la condition de représenter l'équivalent de toutes les valeurs, c'est-à-dire l'or et l'argent, et il ne les représenterait pas exactement si le porteur n'avait pas la faculté d'en exiger à volonté le remboursement en espèces.

Du moment où le billet de banque ne représente pas l'équivalent de toutes les valeurs, il ne répond plus à un besoin de consommation permanent et universel ; il ne représente plus qu'une valeur spéciale, convenant à un besoin accidentel et limité ; il rentre alors dans la catégorie de placements sans intérêt ne pouvant convenir à personne, et ne peut plus servir d'instrument d'échange.

On doit comprendre maintenant que si les

banques de circulation emploient en avances sur des valeurs spéciales, et transforment ainsi en capital de placements sans intérêt le numéraire provenant de leurs émissions et qui servait d'équivalent à toutes les valeurs, elles s'exposent, comme celles des États-Unis, qui commanditent, avec les fonds provenant de leurs émissions, toute espèce d'entreprises, à suspendre le payement de leurs billets en espèces, puisqu'elles ne posséderont plus pour les rembourser que des valeurs spéciales, lesquelles, ne répondant pas à l'universalité des besoins, ne sont pas échangeables contre toute espèce de valeurs et ne peuvent être acceptées, par conséquent, comme instrument d'échange. C'est pour cela que les crises commerciales, qui ont pour effet de déprécier les valeurs spéciales, renchérissent toujours, au contraire, la valeur générale, l'instrument d'échange représentant l'équivalent réel de toutes les valeurs.

Ce fait suffit à lui seul pour démontrer qu'en matière de circulation fiduciaire il ne peut jamais exister de garantie plus réelle et plus solide que celle de l'or et de l'argent, et cela parce que, indépendamment de toute loi, de toute convention sociale, on pourrait même dire malgré toute loi, ces métaux ont, par leur nature même, le don de pouvoir présenter une valeur équivalente à toutes celles qui existent, et d'être ainsi le seul instrument d'échange et de réalisation possible dans le monde entier. Le mot réaliser ne veut pas dire autre chose qu'échanger une valeur spéciale contre la valeur universelle, c'est-à-dire contre l'or et l'argent, qui représentent cette dernière. C'est pour cela qu'aucune monnaie de convention sans valeur réelle ne pourra jamais être préférée à la monnaie d'or, bien qu'en disent certains économistes, démocrates assez mal avisés, car ces monnaies sont de véritables instruments de despotisme, tandis que la monnaie d'or et d'argent est positivement un instrument de liberté, qui ne peut être maîtrisé par aucune puissance. Le papier est la monnaie des nations barbares et asservies ; l'or et l'argent, représentés par des billets de Banque tels que les nôtres, sont la monnaie des peuples libres et civilisés.

Ainsi, l'or et l'argent ne sont pas seulement le seul instrument de réalisation possible, ils sont aussi, nous le répétons encore, un instrument par excellence d'indépendance et de liberté. L'histoire nous apprend, en effet, que les peuples qui ont joui autrefois et jouissent encore aujourd'hui de la plus grande liberté politique sont ceux qui ont possédé et ceux qui possèdent encore les plus grandes richesses, lesquelles sont représentées par l'or et par l'argent. Donc, enrichissons-nous, ne fût-ce que pour être libres, mais enrichissons-nous en créant des capitaux nouveaux, et non en déplaçant, comme le fait la spéculation, au détriment du prochain, ceux déjà créés et qui sont utilement employés.

L'erreur économique qui, de nos jours, aura le plus nui au développement de la richesse nationale est incontestablement d'avoir cru qu'on pouvait enrichir le pays et donner aux valeurs publiques une plus-value réelle, sans accroître en proportion leur revenu, tandis que, la richesse ne pouvant augmenter que par le seul accroissement de ce revenu, on appauvrit nécessairement la nation en donnant une plus-value artificielle à ces valeurs (1).

(1) Pour que la valeur des effets publics puisse augmenter par le seul et libre jeu de la loi de l'offre et de la demande, il faut qu'il y ait eu préalablement augmentation du capital disponible ; autrement la demande n'augmenterait pas et la valeur de ces effets resterait stationnaire. Cette augmentation du capital disponible ne pouvant avoir lieu elle-même sans qu'il y ait accroissement dans la masse des produits, et l'abaissement du prix de ces produits étant aussi la conséquence nécessaire de l'accroissement de leur masse, il s'ensuit que toutes les fois qu'une plus-value se produit dans la valeur des effets publics, sans qu'elle soit accompagnée d'une baisse correspondante dans le prix des produits, cette plus-value est nécessairement provoquée par les manœuvres de la spéculation et non par un accroissement réel de la richesse. On doit comprendre qu'en agissant ainsi la spéculation ne fait que déplacer les fortunes particulières, et que, ne pouvant faire gagner Pierre sans faire perdre Paul, elle ne peut enrichir quelques spéculateurs sans ruiner en même temps nombre de petits capitalistes.

IV

DE LA GARANTIE DES BILLETS AU PORTEUR.

La Banque de France ne peut donc être alimentée de capitaux que par l'émission de billets au porteur remboursables à vue, et le besoin incessant qu'on a de ses billets dans les transactions commerciales les fait passer de main en main, circuler de localités en localités, de telle sorte que, sur le total des émissions faites, il reste en permanence dans la circulation une certaine quantité de ces billets, qui laissent constamment disponibles dans les caisses de la Banque le numéraire qu'ils représentent.

C'est ce numéraire que, sans s'exposer à manquer d'espèces pour pouvoir rembourser à vue ses billets au porteur au fur et à mesure qu'ils se présentent, la Banque peut employer en valeurs facilement réalisables, soit en avances sur dépôt de titres, soit à l'escompte des effets de commerce, à une échéance maxima de quatre-vingt-dix jours.

On comprend que la garantie des porteurs de

billets de banque gît ainsi tout entière dans la bonne entente de ces opérations, et on peut juger si, jusqu'à présent, cette garantie a été complète, en comparant au total des bénéfices de la Banque le chiffre des pertes qu'elle a éprouvées depuis son origine jusqu'en 1856.

Le montant de ses escomptes s'élevait à cette époque à 60 milliards environ, dont le taux moyen, pour des effets d'une échéance moyenne de 60 jours, peut être estimé à 4 p. 0/0, soit, pour ces 60 milliards de valeurs escomptées, un bénéfice net de 800 millions, sur lesquels la Banque a passé par profits et pertes une somme de 3,188,914 fr. pour effets non recouvrés, c'est-à-dire à peu près 35 centimes de pertes par cent francs de bénéfices réalisés en 56 années.

En prévision de ces chances de pertes qui, par le fait, ne se sont élevées qu'à 3,188,914 fr. en 56 ans, la Banque avait mis en réserve, pendant le même laps de temps, une somme de plus de 50 millions, et c'est après qu'elle avait obtenu un pareil résultat que le Gouvernement vint imposer à la Banque, en 1857, un surcroît de capital de 91 millions en rentes sur l'Etat, comme si sa garantie n'était pas déjà plus que suffisante.

—

Mais continuons l'analyse du mécanisme de la Banque. Chacun sait en quoi consistent les opérations d'escompte et d'avances sur titres, et comment fonctionne le conseil d'escompte de la Banque ; il suffit donc d'énoncer le résultat de ces deux sortes d'opérations pour atteindre le but que nous nous proposons, celui de démontrer qu'après une expérience pratique de soixante-deux ans, la Banque de France a toujours régulièrement fonctionné, même aux époques les plus difficiles, et que, lors même qu'elle a eu recours à des mesures exceptionnelles, ce qui ne lui est arrivé qu'une fois en soixante-deux ans, elle a obéi à une prudence peut-être excessive, mais jamais à la nécessité d'une situation réellement critique ; qu'elle n'a jamais été dans le cas d'être obligée de suspendre le payement de ses billets en espèces, pas même de les limiter, comme elle l'a fait cependant en 1805 et en 1814, par la seule faute du Gouvernement de cette époque ; qu'en aucun temps, nous l'avons prouvé ailleurs par des chiffres, le moindre embarras financier ne lui est venu de la part de ses billets, dont l'ensemble des porteurs a toujours plus besoin qu'il n'a besoin d'espèces, et que c'est seulement des comptes courants, dont les titulaires ont de temps à autre plus besoin d'espèces que de billets, qu'elle peut avoir quelques embarras à craindre. Cependant, il faut dire encore que l'expérience semble prouver jusqu'à présent que ce danger même n'est pas fort redoutable pour elle.

Le crédit des billets de la Banque est donc complétement assuré aujourd'hui, indépendamment de la garantie de son fonds social et de sa réserve, par la solidité seule que présentent ses opérations et par le bénéfice qu'elle en retire, et toute autre garantie en dehors de celles-là seules est positivement superflue (1); elle ne peut servir qu'à accroître ses charges et à augmenter ses frais, sans aucun profit pour personne et au détriment des intérêts du public, plus spécialement de ceux du commerce. Les faits et les chiffres se chargeront bientôt de le démontrer.

—

Mais si la Banque dirige ses opérations de manière à donner aux porteurs de ses billets la garantie la plus complète et à ses actionnaires de très beaux dividendes, rend-elle au commerce et

(1) Il est donc très clairement démontré qu'au moment où on a renouvelé le privilége de la Banque on n'avait nul besoin d'actions et d'actionnaires pour pouvoir continuer à l'exploiter.

aux affaires tous les services que sa situation financière lui permettrait de rendre? Nous allons répondre à cette question en toute franchise et avec la plus grande sincérité.

Non, la Banque de France ne rend pas, à beaucoup près, aux intérêts commerciaux et industriels, autant de services que sa position financière, telle qu'elle est, et sans qu'il soit besoin d'y rien changer, lui permettrait de leur rendre; mais il est juste de dire que cela ne dépend peut-être pas autant de sa manière d'administrer que des conditions financières tout à fait étrangères à ses opérations qui lui ont été imposées par le Gouvernement.

Lorsqu'on fonde une nouvelle institution de crédit, qui a besoin d'attirer à elle l'attention et la confiance du public, on comprend qu'elle doive offrir, en commençant, des garanties sérieuses en dehors de celles qui peuvent résulter du courant de ses opérations, fort restreintes au début, et dont l'utilité et les produits ne sauraient être appréciés qu'après un certain temps d'exercice. Tout le monde sait d'ailleurs que les risques courus sur un nombre restreint d'affaires sont toujours proportionnellement plus considérables que lorsque ces affaires sont très nombreuses et peuvent donner des bénéfices importants, en compensation des risques courus. On comprend donc, disons-nous, qu'à leur début ces institutions doivent présenter des garanties notables, soit par un capital social respectable, sinon réalisé en totalité, au moins entièrement souscrit, soit par une réserve statutaire importante.

Mais on doit comprendre aussi qu'il est d'une sage économie de restreindre la garantie du fonds social à mesure qu'elle est remplacée complétement par celle d'un plus grand roulement d'affaires et d'un plus gros chiffre de bénéfices, parce qu'en diminuant successivement leurs charges, à mesure que leurs affaires augmentent, les institutions de crédit peuvent faire des conditions de plus en plus avantageuses au public, et c'est en définitive le but qu'on doit se proposer en les fondant.

Les statuts des sociétés anonymes devraient donc toujours prescrire d'employer la réserve au remboursement ou au rachat de leurs actions, de manière à pouvoir diminuer successivement ainsi leurs charges sociales.

Lorsque la Banque de France faisait par exemple, dans les premières années de sa fondation, de 100 à 200 millions d'affaires, son capital social de 45 millions, qui représentait plus du cinquième du montant de ses opérations, offrait par lui-même une garantie réelle au public; mais quand la Banque fait, comme aujourd'hui, pour plus de 5 milliards d'escomptes et d'avances sur titres, son capital social de 182 millions ne présente même pas le trentième du montant de ses affaires, garantie qui serait, comme on voit, complétement illusoire, s'il n'en résultait pas une autre beaucoup plus sérieuse de l'accroissement même de ses opérations et de l'augmentation de ses bénéfices.

En consacrant, comme elle l'a fait depuis 1807 jusqu'en 1820, la réserve prélevée sur ses bénéfices à racheter ses actions, la Banque opérait peut-être un peu par nécessité — la circulation des billets était tombée pendant plusieurs années au-dessous de l'encaisse — mais avec sagesse et dans l'intérêt bien entendu du public. Aussi elle a pu baisser successivement, par ce moyen, le taux de son escompte de 6 à 4 p. 0/0, tout en faisant jouir ses actions non rachetées d'un accroissement continu de dividende ; et elle put réduire ainsi, en quatorze ans, son capital social de 90,000,000 à 67,900,000 fr., sans nuire en rien au crédit de ses billets au porteur, dont la circulation, pendant cette période, s'est élevée de 102 millions à 216. Il y a dans ce précédent un précieux enseignement, dont il faut savoir profiter.

Qui oserait prétendre que le crédit des billets de la Banque serait atteint si, ses actions continuant à être rachetées depuis 1822, son capital social était réduit aujourd'hui des 140 millions qui sont immobilisés en rentes sur l'État, capital qui reste entièrement en dehors de ses opérations, lui est par conséquent absolument inutile et ne sert qu'à aggraver ses charges ?

V

DU TAUX DE L'ESCOMPTE.

Le double reproche qu'on fait à la Banque de France, et cela avec raison, c'est de ne pas avoir un taux fixe pour son escompte, et de le tenir toujours trop élevé dans les moments où son concours est le plus nécessaire aux transactions commerciales. La Banque répond à ce reproche qu'elle est obligée d'agir ainsi pour maintenir la proportion fixée, non par ses statuts mais par ses usages administratifs, entre l'encaisse métallique et la circulation des billets au porteur, proportion qu'on regarde comme nécessaire pour parer à toutes les éventualités de remboursement de ses billets.

Cette raison n'est pas admissible :

1° Parce qu'on ne pourrait peut-être pas citer un seul exemple dans l'histoire de la Banque — au moins toutes les recherches que nous avons faites à ce sujet depuis 1857 ne nous en ont pas révélé un seul — d'une augmentation de l'encaisse métallique à la suite d'une élévation du taux de l'escompte : c'est toujours le contraire qui a lieu ;

2° Parce qu'il est encore prouvé, par les situations mensuelles, que l'augmentation des opérations d'escompte n'influe pas directement sur l'encaisse métallique, mais sur la circulation des billets, qui augmente proportionnellement aux opérations d'escompte, et que, lorsque cette circulation vient à se ralentir, ce n'est jamais qu'un certain temps après le ralentissement des opérations d'escompte ; ce qui prouve que les billets remis par la Banque en échange des effets de commerce qu'elle a escomptés restent dans la circulation bien au delà de l'échéance de ces effets, et que l'élévation de l'escompte, qui ne peut avoir pour effet que de diminuer le nombre des effets escomptés, ne peut en rien affecter favorablement l'encaisse.

Quant à vouloir empêcher, au moyen de l'augmentation du taux de l'escompte, l'exportation de l'or et de l'argent lorsque le commerce ne peut solder en marchandises les achats qu'il a faits à l'étranger ;

Quant à vouloir empêcher aussi, par ce moyen, les banquiers qui ont à la Banque des fonds en compte courant d'en exiger le remboursement en espèces, qu'ils avanceront ensuite à ce même commerce qui ne peut s'en passer, c'est là une double erreur économique qu'on ne discute pas, par respect pour le sens commun.

Il n'est donc pas possible de supposer que MM. les régents, qui dirigent la Banque depuis nombre d'années, qui ont de toutes ces opérations une entente parfaite et une longue expérience, puissent sérieusement croire à l'efficacité de l'augmentation du taux de l'escompte pour sauvegarder l'encaisse métallique de la Banque. Et ne craignent-ils pas, en agissant ainsi, de donner à penser qu'ils ont un tout autre motif que celui de la conservation de l'encaisse? Ne pourrait-on pas supposer, par exemple, que c'est tout simplement pour augmenter leur dividende — ce que les faits, du reste, semblent prouver — qu'ils ont recours à l'élévation du taux de l'escompte, et que c'est dans l'impossibilité où ils seraient de légitimer cette élévation par un pareil motif, qu'ils donnent à cette mesure des raisons plus ou moins énigmatiques?

Les conditions imposées à la Banque obligent en quelque sorte MM. les régents à agir ainsi, car nous n'admettons pas que les actionnaires de la Banque doivent être plutôt sacrifiés aux intérêts du public, que ceux de toute autre entreprise rendant également service au pays; et en augmentant, sans aucune espèce d'utilité, le fonds social de la Banque, on aurait enlevé aux actions la moitié de leur revenu et de leur valeur, si MM. les régents n'avaient pas augmenté le taux de l'escompte, pour accroître les bénéfices de manière à pouvoir distribuer, à 182,500 actions, le même dividende qu'à 91,250.

VI

VARIATION DU TAUX DE L'ESCOMPTE.

Le taux de l'escompte, à la Banque, doit être, selon nous, invariable, au moins quant au maximum ; et, sans nous lancer dans des considérations économiques à perte de vue à ce sujet, nous basons tout simplement notre opinion sur ce fait, que la Banque obtenant, par l'émission de ses billets, du numéraire aux mêmes conditions, en tout temps et en toute circonstance, il n'y a pas de raison possible pour qu'elle ne puisse pas donner aussi, en tout temps et en toute circonstance, au commerce, ce même numéraire à un intérêt constamment égal.

Mais, d'un autre côté, il est clair que plus les

charges de la Banque seront considérables, plus cet intérêt sera nécessairement élevé, aussi est-ce dans ce fait seul qu'on peut trouver à la fois une explication et une excuse à l'élévation constante du taux moyen de l'escompte depuis 1857.

Ainsi, l'escompte, qui avait d'abord été porté, de 1800 à 1806, au taux de 6 p. 0/0, était successivement descendu à 4 p. 0/0 en 1813. Il fut relevé ensuite à 5 p. 0/0 jusqu'en 1819. A partir de cette époque, il fut maintenu invariablement à 4 p. 0/0 jusqu'en 1847, reprit le taux de 5 p. 0/0 pendant cette année, pour varier ensuite de 3 à 10 p. 0/0 jusqu'en 1861.

Ce n'est cependant pas l'abondance du numéraire à la Banque qui, depuis 1819 jusqu'en 1847, a pu être la cause de la fixité du taux de l'escompte et de son bas prix, et ce n'est pas non plus la pénurie d'espèces qui a pu être la cause des grandes variations de l'escompte de 1848 à 1861, et de son taux moyen généralement élevé depuis 1857, car, si nous prenons la moyenne des émissions faites en 1819 et en 1847, nous trouverons que cette moyenne n'a été que de 180 millions, tandis que la moyenne des émissions faites en 1848 et en 1861 a été de 691 millions ; celle de 1847 était de 253 millions, et celle de 1861 de 757 millions.

Or, il est évident qu'à intérêt égal 691 millions

d'espèces, provenant de l'émission des billets, donnent un bénéfice plus considérable à l'escompte que 180; le taux de l'escompte aurait donc pu être beaucoup moins élevé pendant la seconde période que pendant la première, si la Banque était restée dans les mêmes conditions statutaires que précédemment, et n'avait pas dû faire le double de bénéfices pour pouvoir distribuer le double de dividendes.

—

On sait que, depuis 1807 jusqu'en 1820, la Banque avait racheté successivement 22,100 actions, ce qui réduisait, par le fait, à cette époque, son fonds social à 67,900,000 fr. Ces 22,100 actions ne furent annulées qu'en 1822.

C'est à cette diminution de son capital qu'il faut attribuer, selon nous, la seule cause de la réduction, en 1820, de l'escompte à 4 p. 0/0, taux qui — nous l'avons déjà dit — s'est maintenu, sans interruption, jusqu'en 1847, et qui, de 1848 jusqu'en 1854, n'a plus varié qu'entre 3 et 4 p. 0/0. C'est-à-dire que si on excepte l'année 1847, le taux de l'escompte n'aura pas excédé 4 p. 0/0 pendant les trente-quatre ans où son fonds social aura été réduit à 67,900,000 fr., car nous ne considérons pas comme une augmentation de ce capital celui que lui ont apporté les banques départementales, en fusionnant avec elle en 1848, ce qui porta alors son fonds social à 91,250,000 fr.

Ce rachat successif, par la Banque, de 22,100 actions qui auraient touché, en 1822, chacune 73 fr. de dividende, diminua donc, par le fait, ses charges de 1,603,330 fr. par année, et elle put réduire ainsi de 1 p. 0/0 l'intérêt des 300 millions d'effets de commerce qu'elle escomptait alors, sans amoindrir le dividende de ses actionnaires. Certes, elle n'aurait pas osé prendre cette utile mesure si son capital social était resté à 91 millions. Sans doute, une augmentation de l'escompte n'aurait pas ajouté beaucoup aux bénéfices de la Banque à cette époque, où les émissions étaient inférieures aux encaisses, et où les escomptes n'absorbaient même pas le montant du fonds social. Mais si la Banque avait intérêt à diminuer ses charges en présence de ce marasme des affaires, n'est-il pas évident qu'en les réduisant aujourd'hui de toute la partie du capital social qui lui est inutile, elle pourrait abaisser d'autant le taux de son escompte sans que ses dividendes en soient aucunement affectés?

On peut juger maintenant à quoi se réduiraient aujourd'hui les charges de la Banque, et à quel taux elle aurait pu abaisser successivement son escompte si elle avait continué à consacrer sa réserve au rachat de ses actions, au lieu de la distribuer en supplément de dividendes.

Ainsi, c'est à partir du jour où la Banque a réduit de 22,100,000 fr. son fonds social, que, pendant trente-quatre années consécutives, la circulation de ses billets au porteur s'accroît de plus en plus, qu'elle a baissé son escompte de 6 à 4 p. 0/0, et que les effets de commerce, *hors le temps des crises politiques*, arrivent en plus grande affluence dans son portefeuille ; ce qui prouve surabondamment le peu d'importance que le public accorde au capital social de la Banque, comme garantie, et combien ce capital, tout en étant placé en rentes sur l'État, est devenu, pour elle et pour le public, onéreux et inutile. Et c'est quand on a sous les yeux trente-quatre ans d'une semblable expérience qu'on songe à doubler, en 1857, cette garantie illusoire, dont le public se montre si peu soucieux depuis trente-quatre ans.....

Si le Gouvernement était venu demander à la Banque qu'en considération des bénéfices qu'elle retirait de son privilége, elle fît souscrire à cha-

cun de ses actionnaires individuellement autant
de titres de 45 fr. de rente capitalisée à 1,000 fr.
qu'il avait d'actions, tout en laissant, en ce qui
concernait la Banque, les choses dans l'état où
elles étaient alors, nous l'aurions compris jusqu'à
un certain point. Mais ce que nous ne pouvons
comprendre, c'est qu'on vienne proposer à la
Banque de France de lui donner en échange d'une
somme de 1,000 fr. un titre de 45 fr. de rente,
plus un titre d'action valant au moins 2,000 fr. et
rapportant plus de 150 fr. de revenu (1); c'est
qu'on vienne emprunter, en un mot, à la Banque
à 20 p. 0/0, quand le public était disposé à prêter
à 4 1/2 p. 0/0. — Il l'a bien prouvé quelques mois
après en souscrivant cinq fois le capital que le
Gouvernement lui demandait pour faire la campagne d'Italie. — Franchement, pour ce même
public, c'est là une pilule financière un peu difficile à digérer.

Ah! si *errare humanum est, perseverare est
diabolicum*, et nous croirions en vérité que le
diable préside aux destinées de la Banque de
France si l'on persévérait plus longtemps dans des

(1) C'était assurer une valeur de 3,500 fr. et un revenu de
300 fr. aux actions de la Banque, que de supprimer toute limite
au taux de l'escompte. Tous les faits qui se sont passés depuis
l'ont assez prouvé.

erreurs économiques et financières aussi funestes au développement de la richesse du pays.

Il faut bien que MM. les actionnaires de la Banque renoncent à l'idée de faire, d'un privilége qui leur a été accordé temporairement par le Gouvernement, une propriété perpétuelle et inaliénable. Il faut qu'ils se persuadent que si leur concours a été fort utile aux intérêts du pays à l'origine de la Banque, ce concours, inutile déjà depuis longtemps, est devenu aujourd'hui extrèmement onéreux à ces mêmes intérêts. C'est, en effet, une charge énorme pour une nation de payer 35 millions d'intérêts par année à un capital de 182 millions, qui ne peut plus lui rendre aucun service.

Mais en supposant que ce capital de garantie — car ce n'est positivement qu'un capital de garantie — soit nécessaire au crédit de la Banque, ne vaudrait-il pas mieux que le Gouvernement créât un capital de 182 millions en rentes sur l'État, qu'il déposerait à la Banque en remplacement du fonds social actuel. Comme il n'aura jamais un centime d'arrérages à payer à ces rentes, comme il pourra, au contraire, les amortir en peu d'années avec une simple réserve prélevée sur les bénéfices, il s'ensuivra que la garantie de la Banque — en supposant qu'èlle soit nécessaire, ce que nous sommes loin de croire assurément — restera la même qu'aujourd'hui ; qu'elle ne coûtera pas un centime à l'Etat, et que la nation trouvera à cette réforme une économie de 35 millions par année.

Les actionnaires auraient-ils à se plaindre d'une pareille mesure ? Qu'ils veulent bien ajouter par la pensée, aux intérêts de leurs capitaux, les dividendes qu'ils ont reçus depuis l'origine de la Banque, et ils verront s'ils trouvent parmi leurs confrères en industrie beaucoup de capitalistes qui aient été aussi bien partagés qu'eux.

Nous ne demandons pas néanmoins qu'on les dépouille *hic et nunc* des avantages que le Gouvernement a consenti à leur laisser jusqu'à la fin du privilége qu'il vient de proroger. Le Gouvernement respectera, comme il doit le faire, les derniers engagements qu'il a pris avec eux. Mais qu'il soit bien entendu à l'avance qu'à l'expiration de cette dernière prorogation le privilége de la Banque cessera d'être exploité au profit des actionnaires. Qu'en bons pères de famille, qui savent ménager le patrimoine de leurs enfants, les actionnaires actuels songent donc, dès à présent, à sauvegarder ce patrimoine, en consacrant leur réserve à racheter à 3,000 fr. environ les actions qui n'en vaudront plus que 1,000 à l'expiration du privilége de la Banque.

VII

DU TAUX DE L'ESCOMPTE ET DES DIVIDENDES.

Nous avons dit que l'élévation du taux de l'escompte n'exerçait d'influence favorable que sur les dividendes de la Banque. Justifions maintenant cette assertion par des faits et par des chiffres, en prenant pour exemple les huit dernières années, pendant lesquelles le taux de l'escompte présente les variations les plus considérables.

Dans le premier semestre de 1854, l'escompte a été porté de 4 à 5 p. 0/0 pendant 120 jours, et le dividende qui, pour le dernier semestre de 1853, avait été de 84 fr., s'éleva pour le premier de 1854 à 112 fr.

Le taux de l'escompte ayant été ramené à 4 p. 0/0 pendant les derniers six mois de cette même année, le dividende du second semestre de 1854 est redescendu à 82 fr.

En 1855, l'escompte a été élevé de 4 à 6 p. 0/0 pendant tout un trimestre, et le dividende, qui avait été de 166 fr. par action l'année précédente, a atteint le chiffre de 200 fr. cette année-là.

En 1856, le taux de l'escompte ayant varié de 5 p. 0/0 pendant 155 jours, à 6 p. 0/0 pendant 210 jours, le dividende s'est élevé à 272 fr.

Le taux de l'escompte a été maintenu à 6 p. 0/0 pendant tout le premier semestre de 1857., et le dividende, pour ce semestre, a été de 160 fr. Enfin, pour les six derniers mois pendant lesquels le taux de l'escompte a varié de 5 1/2 à dix p. 0/0, le dividende a pu atteindre le chiffre de 174 fr., soit 334 fr. par action pour l'année entière (1). Ainsi, le plus fort dividende qu'ait distribué la Banque depuis son origine correspond à la plus forte élévation du taux de l'escompte, et ce qui est bien plus fâcheux, selon nous, à une des plus fortes crises commerciales, industrielles et financières que nous ayons éprouvées depuis 1815.

Ces chiffres montrent très clairement que les dividendes de la Banque s'accroissent principalement par l'élévation du taux de l'escompte, et avec le système anglais adopté par MM. les régents depuis 1857, l'escompte étant toujours d'autant plus élevé que les crises sont plus intenses, il s'ensuit que les bénéfices de la Banque augmentent en proportion de la gêne commerciale

(1) C'est en juin de cette année que le fonds social a été augmenté de 91,250,000 fr.

et industrielle : les dividendes qu'elle a distribués depuis 1857 en sont la preuve.

Mais ce qui démontre plus clairement encore que les bénéfices croissants de la Banque sont dus uniquement au taux élevé de son escompte, c'est que depuis 1857, époque à laquelle son fonds social a été cependant doublé, ses opérations d'escompte, et ce sont les seules qui peuvent exercer une influence directe sur la production et sur la circulation des richesses, — ses avances sur dépôt de titres ne profitent qu'à la spéculation, — sont restées constamment au-dessous du chiffre qu'elles avaient atteint en 1857. Ainsi, ses escomptes se sont élevés :

En 1857, à 5 milliards 582 millions.
En 1858, à 4 — 163 —
En 1859, à 4 — 696 —
En 1860, à 4 — 960 —
En 1861, à 5 — 364 —

c'est-à-dire que, depuis que le fonds social de la Banque a été doublé, les opérations d'escompte, après être tombées :

En 1858, de 1 milliard 419 millions au-dessous de celles de 1857,
En 1859, de 886 millions —
En 1860, de 622 millions —

étaient encore, en 1861, de 221 millions au-dessous du chiffre qu'elles avaient atteint pendant cette même année 1857 ; de telle sorte que, grâce à l'élévation de l'escompte, la Banque peut restreindre ses opérations, diminuer ses risques, sans diminuer ses dividendes, et c'est ce qu'elle a fait depuis qu'on a augmenté son fonds social.

Ainsi, bien que le nombre des actions de la Banque ait été doublé en 1857, leur dividende est encore à peu près le même qu'en 1853 ; seulement le taux moyen de l'escompte, qui était de 3 1/2 p. 0/0 pendant le cours de cette même année, a été de 5 p. 0/0 en 1861.

Les résultats obtenus par la Banque depuis l'augmentation de son fonds social se réduisent donc à ceux-ci :

Diminution du montant des valeurs escomptées ;

Augmentation du taux de l'escompte, qui a maintenu le revenu des 91,250 actions nouvelles au niveau de celui des 91,250 anciennes. En d'autres termes, impôt de 13,450,500 fr. sur la production nationale, pour indemniser quatorze mille actionnaires du sacrifice qu'ils ont fait en voulant bien se charger d'un capital de 91 millions 250,000 fr. en rentes 3 p. 0/0, que le public n'aurait pas mieux demandé de souscrire sans cette prime de 13 millions, puisque six mois après il offrait au Gouvernement de lui prêter, à ces mêmes conditions, en 3 p. 0/0, cinq fois

le capital que lui demandait ce dernier pour la
guerre d'Italie.

VIII

BUT DES PRIVILÉGES.

Certes, nous sommes loin de vouloir reprocher
à l'administration de la Banque de France des
résultats qui sont la conséquence forcée de la
position dans laquelle elle a été placée vis-à-
vis des intérêts publics. En signalant et en faisant ressortir d'une manière aussi claire et aussi
frappante que possible ces résultats fâcheux, auxquels nous pensons qu'il est facile de remédier
sans froisser les intérêts de personne, nous ne
méconnaissons pas pour cela les nombreux services que l'institution de la Banque de France
rend journellement au pays, et c'est parce que
nous savons apprécier ces services que nous
voyons avec peine combien ils sont encore limi-
tés comparativement à ceux que nous pensons
qu'elle pourrait rendre.

La Banque de France a été constituée uniquement dans un intérêt national : « Considérant,
» disent ses fondateurs, qu'à la suite de longues
» guerres la nation a éprouvé le déplacement, la

» dispersion des fonds qui alimentent son com-
» merce, l'altération du crédit public et le ra-
» lentissement de la circulation de sa richesse,
» arrêtons les articles suivants, comme statuts
» fondamentaux d'une banque. »

Voilà clairement indiqué et parfaitement défini l'intérêt national auquel se proposaient de donner satisfaction les fondateurs de la Banque de France, l'intérêt national qu'entendait aussi favoriser le Gouvernement en lui accordant son privilége.

Il est donc bien évident qu'en créant la Banque, ni les fondateurs ni le Gouvernement n'ont pu avoir l'intention de subordonner son action à un intérêt particulier, à un intérêt actionnaire, nécessairement opposé à celui du public, et c'est certainement parce qu'il comprenait que cet intérêt particulier pourrait l'emporter un jour sur l'intérêt général, que le Gouvernement n'a pas laissé le choix du gouverneur et des sous-gouverneurs aux assemblées d'actionnaires, et qu'il s'est réservé le droit de les nommer directement lui-même.

C'est aussi parce qu'elle opérait d'après les mêmes principes, un peu contrainte et forcée par les circonstances, que, jusqu'en 1820, la Banque employait sa réserve à racheter ses actions, ce qui diminuait de plus en plus l'intérêt actionnaire, de telle sorte que cet intérêt aurait fini par disparaître dans un temps donné, et par laisser la

Banque de France en face du seul intérêt public, qu'elle a pour but de servir, si l'on avait continué à agir de même. Or, là est la véritable solution de la question des priviléges, le seul moyen de les légitimer.

Aucun privilége ne peut être concédé à perpétuité. Au delà du temps où il cesse d'être utile au public, sa raison d'être et sa légitimité cessent aussi. Eh bien ! du moment où il réalise des bénéfices aussi considérables que ceux de la Banque de France, il faut que la réserve prélevée sur ces bénéfices soit employée à rembourser les actions, parce qu'il est évident que déjà ce privilége n'est plus nécessaire au bien public, et que si le Gouvernement veut le conserver, ce ne peut être qu'au profit de la nation et non à l'avantage d'actionnaires dont le concours n'est plus utile.

IX

VARIATIONS DU FONDS SOCIAL DE LA BANQUE.

Depuis 1820, l'administration de la Banque a pris une direction opposée : elle n'a plus employé sa réserve au rachat de ses actions, et elle s'est fait autoriser par le Gouvernement à la répartir en supplément de dividendes à ses actionnaires ; 23,742,925 fr. ont été ainsi distribués de 1820 à 1831. A partir de 1834, le fonds de réserve a été limité, par ordonnance royale, à 10 millions, qui furent placés en rentes sur l'État (c'est la marotte de tous les Gouvernements), et il n'a plus été fait de retenue sur les bénéfices.

Cependant, comme le fonds social de la Banque avait été réduit, en 1820, par les rachats successifs de 22,100 actions, il ne fallut plus un aussi gros chiffre de bénéfices pour continuer à donner à celles qui restaient dans la circulation le même dividende que précédemment ; de là la possibilité, pour la Banque, de réduire et de maintenir son escompte à 4 p. 0/0 pendant vingt-sept années consécutives. Porté à 5 p. 0/0 pendant les premiers mois de 1847, il retomba à 4 p. 0/0 vers la fin de l'année, et ne dépassa plus ce taux moyen jusqu'en 1854.

Mais à cette époque, où la fureur de la spéculation commençait à donner à toutes les valeurs sans produits réels une plus-value fantastique, les actions de la Banque, dont le revenu pouvait être apprécié mois par mois d'après ses situations mensuelles, se trouvaient un peu délaissées des spéculateurs. Ne pourrait-on pas croire que l'on recourut à l'augmentation du taux de l'escompte pour élever le cours de ces actions, de façon à ce qu'elles ne restassent pas en arrière du mouvement général de hausse ? Il devint dès lors impossible d'abaisser cet escompte d'une manière durable sans diminuer les dividendes et sans provoquer une dépréciation des actions, dont, par contre, l'accroissement de valeur imposait aussi un accroissement de revenu, et, par conséquent, une augmentation du taux moyen de l'escompte ; cercle vicieux, dont on ne peut sortir aujourd'hui qu'en revenant aux premiers errements de l'administration de la Banque, c'est-à-dire au rachat des actions avec la réserve.

Les choses en étaient là quand le Gouvernement vint exiger, en 1857, que la Banque portât à 182,500,000 fr. son fonds social de 91,250,000 fr., et qu'elle plaçât ces 91,250,000 fr. d'augmentation — c'est l'idée fixe de tous les Gouvernements — en rentes sur l'État, inaliénables. En effet, les 60 millions que la Banque avait immobilisés depuis longtemps en rentes prouvaient suffisamment que ce nouveau capital ne pouvait lui être d'aucune utilité pour ses opérations ; aussi n'acceptat-elle les propositions du Gouvernement qu'à la condition qu'il ne serait plus fixé aucune limite à l'élévation du taux de l'escompte, car elle savait qu'il était de toute impossibilité pour elle de pouvoir doubler instantanément, même avec le

concours de 91,250,000 fr. de rentes inaliénables, ses opérations d'escompte et d'avances
sur titres, et qu'elle n'avait qu'une seule chance,
à peu près certaine il est vrai, car elle en avait
fait avec succès l'expérience depuis trois ans,
d'augmenter ses bénéfices en proportion de l'accroissement de son fonds social : c'était d'élever
le taux moyen de l'escompte. En effet, ses bénéfices, qui n'étaient que de 15 millions en 1853,
atteignirent 30 millions en 1857, et dépassèrent
encore ce chiffre en 1861, en y comprenant sa
nouvelle réserve imposée par la loi de 1857.

Les crises commerciales et financières entraî-
nent toujours l'élévation du taux de l'escompte de
la Banque, mesure qui a pour conséquence naturelle l'augmentation des dividendes. La crainte
d'une crise suffit souvent pour amener cette élévation, car on devient facilement craintif quand il
n'y a aucun inconvénient, et, au contraire, tout
avantage à avoir peur. Ne semble-t-il pas qu'on
doive avoir dans ce cas une tendance naturelle à
s'exagérer les dangers qu'on court, peut-être
même parfois à en entrevoir là où il n'y en a pas ?
Les mesures restrictives que la Banque a prises

en octobre 1861, par exemple, et qui lui ont procuré, en cinq semaines, une augmentation de 1,600,000 fr. de dividendes, ont-elles été inspirées par les nécessités de sa situation financière ou par un danger purement imaginaire?

Nous avons pour notre part quelque tendance à croire qu'il n'y avait à cette époque aucun motif de crainte relativement à son encaisse : du reste, les faits qui se sont produits en novembre l'ont suffisamment prouvé.

Jean-Jacques Rousseau disait : La volonté même la plus ferme ne suffirait pas pour faire le bien, si l'on ne se mettait préalablement dans une position à ne pas avoir intérêt à faire le mal. Eh bien! la Banque de France, qu'elle nous permette de le lui dire franchement, est précisément dans cette position fausse vis-à-vis du public ; ce n'est donc pas son administration qu'il faut attaquer, c'est cette fausse position qu'il faut absolument changer. Il faut qu'elle ait intérêt à abaisser le taux de l'escompte et non à l'élever : voilà la vraie question.

Si MM. les régents n'ont véritablement pas recours à l'augmentation de l'escompte pour accroître leurs dividendes, mais seulement, comme ils l'assurent, pour sauvegarder l'encaisse de la Banque, sans discuter avec eux le plus ou moins d'efficacité de cette mesure, il sera très facile de nous entendre pour placer la Banque dans une position qui ne lui permettra plus de retirer aucun profit de ces crises commerciales et financières constantes qui motivent l'élévation du taux de l'escompte. Il suffirait, pour cela, de limiter les bénéfices des actionnaires à ceux produits par l'escompte, jusqu'au taux maximum de 4 p. 0/0 par exemple, et d'attribuer, soit à l'État, pour qu'il diminue d'autant les impôts prélevés sur les transactions commerciales, soit à la réduction de l'escompte au-dessous de 4 p. 0/0, lorsque son encaisse serait à l'abri de tout danger, les bénéfices produits par l'escompte à un taux supérieur à 4 p. 0/0 pendant la durée des crises.

En un mot, puisque MM. les régents de la Banque ne veulent user exclusivement de l'élévation du taux de l'escompte que pour sauvegarder l'encaisse, on continuerait à y avoir recours pour conserver exclusivement cette encaisse, puisque ce moyen leur paraît infaillible. mais non pour augmenter les dividendes. Alors ces dividendes ne s'accroîtront — ce qui serait juste et rationnel — que par l'extension des affaires; tandis qu'avec l'élévation du taux de l'escompte, ces dividendes peuvent augmenter, même avec la diminution des opérations, ce qui est anormal et peu juste.

Ainsi, malgré une différence en moins de 231,000,000 fr. entre le montant des escomptes en 1861 et celui de 1857, la Banque a réalisé, en 1861, 3,542,000 fr. de bénéfices de plus qu'en 1857, bien qu'elle ait distribué, cette dernière année, 3,706,000 fr. de moins, eu égard à sa créance arriérée sur les maisons grecques de Marseille, créance parfaitement garantie comme on sait.

—

Puisque nous voilà en bonne voie d'entente cordiale avec la Banque, ne nous arrêtons pas à moitié chemin, car le but que nous avons en vue nous paraît maintenant facile à atteindre.

Nos lecteurs doivent être actuellement bien convaincus, par tous les faits qui se sont passés depuis 1820 jusqu'en 1848, pendant que le fonds social de la Banque a été limité à 67,900,000 fr., et par ceux qui se sont succédé depuis 1857 jusqu'à ce jour, depuis que son fonds social a été porté à 182,500,000 fr., que ce capital, qu'il soit plus ou moins fort, n'exerce aucune influence sur le crédit des billets au porteur émis par la Banque. En effet, ce n'est pas parce que ce capital sera plus considérable que le public demandera plus de billets à la Banque s'il n'en a pas besoin, et ce n'est pas non plus parce que ce capital sera réduit qu'il en prendra en moins grande quantité s'il en a un indispensable besoin pour ses affaires.

Quant à l'inutilité de l'augmentation du fonds social de la Banque pour ses opérations, elle peut être appréciée à sa juste valeur par la nature même de l'emploi que cette dernière en a fait jusqu'à présent. On sait, en effet, qu'elle a placé la majeure partie de son fonds social, 140 millions, tout simplement comme un bon rentier conservateur qui n'aime pas les tracas, et qui, pour les éviter, place ses capitaux en rentes sur l'État. Ces 140 millions restent donc complétement en dehors de ses affaires; ils ne participent en quoi que ce soit à ses opérations, ne concourent aucunement aux bénéfices de la Banque et ne prennent part à aucun de ses risques; ils ne rendent enfin aucun service, mais absolument aucun, ni au public, ni à la Banque, puisqu'ils ne peuvent concourir ni à l'émission des billets au porteur, ni à l'escompte des effets de commerce, ni aux avances sur dépôt de titres ou sur lingots. Eh bien! le public paye tous les ans, à ce capital parasite de 140 millions, une redevance variable de 18 à 20 millions; on pourrait même dire de 25 à 27 millions, car c'est lui en définitive qui paye aussi les 7 millions d'arrérages que ces 140 millions, placés en rentes, reçoivent chaque année du Trésor.

Les bénéfices annuels de la Banque étant de 26 millions environ, non compris les arrérages de ses rentes, ces 140 millions inutiles placés en fonds publics absorbent plus des trois quarts des bénéfices de cet établissement : cela est clair.

X

CONCLUSION.

Pourquoi donc imposer à la Banque un capital de 140 millions placés en rentes sur l'État, sans aucune utilité possible pour elle; capital qui coûte au public, en sus des 7 millions d'arrérages payés par le Trésor, un impôt de 18 à 20 millions par an?

Si la Banque pouvait avoir besoin de ce capital pour développer ses opérations et étendre son crédit, nous demanderions qu'on le réalisât en espèces, comme certains financiers et certains économistes; mais ce capital, même converti en numéraire, ne pouvant être pour la Banque d'aucune utilité, nous demandons tout simplement qu'on rende aux actionnaires les titres de rentes qu'ils ont dû fournir en 1857, pour avoir droit aux nouvelles actions, et qu'on rembourse par tirage, au cours moyen des cinq dernières années, jusqu'à concurrence des 49 millions qui resteront du capital placé en rentes sur l'État, un nombre d'actions proportionnel. De sorte qu'en supposant que le cours moyen des actions, pendant les cinq dernières années soit de 3,000 fr., on pourrait rembourser 16,300 actions, ce qui, avec les 91,250 créées en 1857, réduirait le fonds social de la Banque à 74,950,000 fr.

Pour servir 170 fr. de dividende par action à ce fonds social ainsi réduit, il ne faudrait plus qu'un bénéfice de 12,744,500 fr.

La Banque de France ayant escompté en 1861 5 milliards 311 millions d'effets de commerce avec une émission de billets au porteur, qui s'est élevée jusqu'à 802 millions, y compris 200 millions de dépôts, si l'escompte avait été fixé au taux maximum de 4 p. 0/0, il aurait produit encore un bénéfice brut de 32,080,000 fr., et, déduisant de ce bénéfice 5 millions 1/2 pour frais généraux d'administration, il serait resté, dans ces conditions, un reliquat de 13,838,500 fr. (1), après avoir distribué 170 fr. par action, dividende qui pourrait s'accroître encore chaque année par

(1) Si on applique ce bénéfice à la réduction du taux de l'escompte, on trouvera que le taux moyen de l'escompte, pendant toute l'année, n'aurait pas atteint 2 1/2 p. 0/0.

une extension successive des opérations, car la Banque, ne pouvant plus spéculer sur l'élévation du taux de l'escompte pour accroître ses revenus, serait bien obligée de chercher une augmentation de ses bénéfices dans l'élargissement du cercle de ses opérations.

Cette réforme, tout à l'avantage du Gouvernement et du public, ne lèse donc en rien les intérêts des actionnaires, et respecte complétement tous les droits acquis.

Résumons, en terminant, nos propositions :

1° Restitution aux actionnaires des titres de rentes sur l'État qu'ils ont remis, en 1857, à la Banque, en échange des 91,250 nouveaux titres d'actions qu'ils ont reçus;

2° Remboursement, par tirage, avec les 49,750,000 fr. restant du capital placé en rentes, d'un nombre proportionnel d'actions, au cours moyen des cinq dernières années;

3° Fixation de la part des actionnaires dans les bénéfices, à 1 1/2 p. 0/0 du montant de l'émission des billets au porteur et des dépôts en compte courant, ce qui équivaut à un dividende de 170 fr. par action sur le chiffre des émissions et des dépôts actuels;

4° Emploi de la réserve au rachat d'actions, aux conditions précédemment indiquées;

5° Application au Trésor, pour réduire d'autant les taxes imposées aux transactions commerciales, ou emploi à la réduction du taux de l'escompte du surplus des bénéfices excédant le produit de 1 1/2 p. 0/0 du montant des émissions de billets et des dépôts en compte courant, lequel produit est attribué aux actionnaires.

Sur une émission annuelle de 600 millions de billets et sur 200 millions de dépôts, l'escompte seul, au taux de 4 p. 0/0, assurerait au Trésor un revenu net de 13,838,500 fr. par année.

Tableau A.

MOUVEMENT DES OPÉRATIONS DE LA BANQUE DE FRANCE
DE 1800 A 1861.

ANNÉES	MONTANT des effets escomptés.	MONTANT des avances sur titres et autres opérations diverses.	MONTANT total des opérations de toute nature.	OBSERVATIONS
	millions.	millions.	millions.	
1800	112	»	112	Jusqu'en 1845 les opérations des succursales de la Banque ne sont pas comprises dans ce tableau.
1801	243	»	243	
1802	450	»	450	
1803	511	»	511	
1804	503	»	503	
1805	631	»	631	
1806	255	»	255	
1807	334	»	334	
1808	588	»	588	
1809	576	»	576	
1810	748	»	748	
1811	391	»	391	
1812	437	»	437	
1813	661	»	661	
1814	88	»	88	
1815	204	»	204	
1816	352	»	352	
1817	547	»	547	
1818	727	»	727	
1819	390	»	390	
1820	304	»	304	
1821	384	»	384	
1822	395	»	395	
1823	320	»	320	
1824	489	»	489	
1825	638	»	638	
1826	689	»	689	
1827	621	»	621	
1828	407	»	407	
1829	434	»	434	

Tableau A (suite).

ANNÉES	MONTANT des effets escomptés.	MONTANT des avances sur titres et autres opérations diverses.	MONTANT total des opérations de toute nature.	OBSERVATIONS
	millions.	millions.	millions.	
1830	617	»	617	
1831	222	»	222	
1832	151	»	151	
1833	240	»	240	
1834	317	»	317	
1835	445	»	445	
1836	759	114	973	
1837	754	185	939	
1838	802	172	974	
1839	1,047	407	1,454	
1840	928	533	1,461	
1841	886	326	1,212	
1842	944	91	1,035	
1843	772	311	1,083	
1844	749	382	1,131	
1845	1,003	496	1,499	Y compris les opérations des succursales.
1846	1,618	109	1,727	
1847	1,808	46	1,854	
1848	1,643	126	1,769	
1849	1,026	190	1,216	
1850	1,176	193	1,369	
1851	1,241	217	1,458	
1852	1,824	717	2,541	
1853	2,843	1,121	3,964	
1854	2,945	944	3,889	
1855	3,762	1,101	4,863	
1856	4,674	1,135	5,809	
1857	5,582	483	6,065	
1858	4,163	1,051	5,214	
1859	4,696	1,471	6,167	
1860	4,960	1,381	6,341	
1861	5,310	1,246	6,557	

Tableau B.

VARIATIONS DU TAUX DE L'ESCOMPTE DE 1801 À 1861.

ANNÉES	TAUX de l'escompte au 1er janvier.	VARIATIONS PENDANT L'ANNÉE.
1800	6 0/0	
1801	6 0/0	
1802	6 0/0	
1803	6 0/0	
1804	6 0/0	
1805	6 0/0	
1806	6 0/0	14 nov., 5 0/0.
1807	5 0/0	5 août, 4 0/0.
1808	4 0/0	
1809	4 0/0	
1810	4 0/0	
1811	4 0/0	
1812	4 0/0	
1813	4 0/0	
1814	4 0/0	1er mars, 5 0/0; 1er août, 4 0/0; 1er sept., 5 0/0.
1815	5 0/0	
1816	5 0/0	
1817	5 0/0	
1818	5 0/0	
1819	5 0/0	
1820	5 0/0	1er fév., 4 0/0.
1821	4 0/0	
1822	4 0/0	
1823	4 0/0	
1824	4 0/0	
1825	4 0/0	
1826	4 0/0	
1827	4 0/0	
1828	4 0/0	
1829	4 0/0	
1830	4 0/0	
1831	4 0/0	

Tableau B (*suite*).

ANNÉES	TAUX de l'escompte au 1er janvier.	VARIATIONS PENDANT L'ANNÉE.
1832	4 0/0	
1833	4 0/0	
1834	4 0/0	
1835	4 0/0	
1836	4 0/0	
1837	4 0/0	
1838	4 0/0	
1839	4 0/0	
1840	4 0/0	
1841	4 0/0	
1842	4 0/0	
1843	4 0/0	
1844	4 0/0	
1845	4 0/0	
1846	4 0/0	
1847	4 0/0	14 janv., 5 0/0 ; 27 déc., 4 0/0.
1848	4 0/0	
1849	4 0/0	
1850	4 0/0	
1851	4 0/0	
1852	4 0/0	3 mars, 3 0/0.
1853	3 0/0	7 oct., 4 0/0.
1854	4 0/0	20 janv., 5 0/0 ; 12 mai, 4 0/0.
1855	5 0/0	1er mai, 4 0/0 ; 1er oct., 5 0/0 ; 5 nov., 6 0/0.
1856	6 0/0	31 mars, 5 0/0 ; 25 sept., 6 0/0.
1857	6 0/0	26 juin, 5 1/2 0/0 ; 13 oct., 6 1/2 0/0 ; 20 oct., 7 1/2 0/0 ; 11 nov., 10 0/0 ; 7 décemb., 8 0/0 ; 18 déc., 6 0/0.
1858	5 0/0	8 fév., 4 1/2 0/0 ; 19 fév., 4 0/0 ; 11 juin, 3 1/2 0/0 ; 24 sept., 3 0/0.
1859	3 0/0	4 mai, 4 0/0 ; 5 août, 3 1/2 0/0.
1860	3 1/2 0/0	12 nov., 4 1/2 0/0.
1861	4 1/2 0/0	2 janv., 5 1/2 0/0 ; 8 janv., 8 0/0.

Tableau C.

VARIATIONS DE L'ENCAISSE ET DE L'ÉMISSION DES BILLETS AU PORTEUR
DE 1800 A 1861.

Années.	Encaisse minimum.	Emission minimum.	Excédant de l'émission sur l'encaisse.	Encaisse maximum.	Emission maximum.	Excédant de l'émission sur l'encaisse.
	millions	millions	millions	millions	millions	millions
1800	6	9	3	11	23	12
1801	6	17	11	10	25	15
1802	4	11	7	15	46	31
1803	6	30	24	18	58	40
1804	5	54	49	25	70	45
1805	1	61	60	23	79	56
1806	53	48	5 mill. en moins	68	77	9
1807	64	75	11	84	108	24
1808	50	83	33	80	108	28
1809	34	86	52	56	103	47
1810	32	90	58	50	117	67
1811	31	55	24	124	120	4 mill. en moins
1812	29	81	52	117	134	17
1813	12	50	38	39	95	56
1814	6	11	5	81	60	21 mill. en moins
1815	19	17	2 mill. en moins	93	71	22 mill. en moins
1816	27	56	23	79	79	0
1817	34	69	35	94	96	2
1818	34	87	53	118	126	8
1819	58	80	22	174	135	39 mill. en moins
1820	102	122	20	218	172	46 mill. en moins
1821	143	164	19	168	195	27 mill. en moins
1822	147	166	19	198	216	18
1823	163	167	4	204	212	8
1824	128	194	66	169	252	83
1825	86	180	94	157	244	87
1826	88	175	87	119	200	81
1827	180	190	10	200	230	30
1828	182	179	3 mill. en moins	240	210	30 mill. en moins
1829	162	186	24	206	212	6 mill. en moins
1830	104	212	108	172	238	66

Tableau C (*suite*).

Années.	En-caisse mini-mum.	Em s-sion maxi-mum.	Excédant de l'émission sur l'encaisse.	En-caisse maxi-mum.	Emis-sion maxi-mum.	Excédant de l'émission sur l'encaisse.
	millions	millions	millions	millions	millions	millions.
1831	103	214	111	266	239	27 mill. en moins
1832	216	181	35 mill. en moins	281	253	27 mill. en moins
1833	142	193	51	242	228	14
1834	119	192	73	181	222	41
1835	130	207	77	203	241	38
1836	89	196	107	192	231	39
1837	109	190	81	246	216	30 mill. en moins
1838	208	195	13 mill. en moins	298	227	71 mill. en moins
1839	202	196	6 mill. en moins	249	235	14 mill. en moins
1840	206	201	5 mill. en moins	250	251	1
1841	169	209	40	241	240	1 mill. en moins
1842	174	215	41	229	247	18
1843	192	216	24	247	248	1
1844	234	233	1 mill. en moins	279	271	8 mill. en moins
1845	176	247	71	279	289	10
1846	90	243	153	252	311	59
1847	78	218	140	170	288	118
1848	115	235	120	260	390	130
1849	260	354	94	430	422	8 mill. en moins
1850	430	368	72 mill. en moins	515	442	73 mill. en moins
1851	471	503	32	626	583	43 mill. en moins
1852	500	427	73	610	690	80
1853	307	471	164	534	541	7
1854	276	429	153	500	527	27
1855	310	475	165	451	670	219
1856	159	585	326	294	667	373
1857	181	529	348	258	649	391
1858	243	548	305	595	733	138
1859	512	662	150	646	770	124
1860	411	704	293	526	801	215
1861	285	702	417	431	802	371

LE COMPTOIR NATIONAL D'ESCOMPTE.

I

Petits enfants de la liberté deviennent grands,
quand les Gouvernements leur prêtent vie.

Jacques Laffitte peut être regardé comme le véritable inventeur des grands établissements de crédit intermédiaires entre le petit commerce et la Banque de France, laquelle, en n'escomptant que les effets à trois signatures, ce qui nous paraît rationnel du reste, rend ces établissements intermédiaires indispensables.

Il existait bien, avant la caisse Laffitte, des maisons de banque particulières qui escomptaient aussi les effets du petit commerce de Paris; mais comme elles opéraient avec leurs seules ressources, et qu'avant tout leur argent devait produire un intérêt au moins égal à celui de tous les autres placements commerciaux, leur travail ne pouvait être rémunéré que par une commission prise en dehors de cet intérêt, ce qui augmentait d'autant le taux de l'escompte et le rendait ainsi très onéreux au commerçant.

Jacques Laffitte avait compris que, si le besoin de billets de banque était tel dans les transactions commerciales qu'ils pouvaient être acceptés par le public sans qu'ils produisissent aucun intérêt, ce même public devait accepter, dans la mesure de certains besoins commerciaux, des billets productifs d'intérêts, de préférence à ceux de la Banque, pourvu que ces billets lui présentassent la garantie qu'ils seraient toujours remboursés en espèces, à sa volonté ; et il pensait avec raison que si, par l'émission de ces billets, il arrivait à se procurer, moyennant un intérêt minime, un capital suffisant pour alimenter un certain chiffre d'opérations, il pourrait escompter les effets du petit commerce à des conditions beaucoup plus avantageuses que celles qui étaient imposées alors à ce dernier par les banquiers escompteurs, tout en laissant un bénéfice suffisamment rémunérateur à son capital de garantie.

De là, la mise en circulation, par la caisse de Jacques Laffitte, de bons de caisse portant intérêt de 2 à 3 p. 0/0 et remboursables à trois, six et neuf jours de vue, suivant l'importance de leur chiffre.

Tel était le but que se proposait Jacques Laffitte en fondant sa caisse d'escompte. Ce but fut atteint ; ses comptes courants et ses bons de caisse eurent un succès complet, et ce succès contribua même, en 1848, à précipiter la déconfiture de son établissement, dirigé alors par M. A. Gouin, ancien ministre du commerce (1), les capitaux provenant de l'émission des billets de caisse et des comptes courants ayant été employés à toute autre chose qu'à l'escompte des effets de commerce auquel ils devaient être exclusivement consacrés.

Les caisses d'escompte Ganneron et Baudon, qui avaient pris celle de Jacques Laffitte pour modèle, en opérant de la même façon, éprouvèrent le même sort.

Cependant, le développement énorme qu'avaient pris ces établissements financiers en quelques années, la confiance générale qu'ils inspiraient au public, étaient la preuve qu'ils répondaient à un besoin très réel du commerce, et que l'instinct financier de Jacques Laffitte ne l'avait pas trompé.

---

(1) Nous ne voudrions pas qu'on pût supposer que nous attribuons particulièrement à la gérance de M. Gouin la déconfiture de la caisse Laffitte, ce qui ne serait ni exact ni juste.

A l'époque où M. Gouin prit la direction de cette caisse, elle était déjà engagée dans la mauvaise voie qui l'a conduite à sa ruine, et toutes les personnes qui ont été en relation d'affaires avec cet établissement savent à qui l'on doit attribuer principalement sa triste fin, accélérée par les événements de 1848.

II

CAUSE DE LA DÉCONFITURE DE CES ÉTABLISSEMENTS.

Malheureusement, la grande quantité de capitaux que ces établissements attirèrent à eux, le désir et l'espoir d'en tirer, en les faisant concourir directement à la formation d'entreprises industrielles, un meilleur parti qu'en les employant à escompter les effets de commerce, firent oublier à leurs fondateurs cette règle dont ne peut jamais s'écarter une banque commerciale sans s'exposer aux plus grands dangers, à savoir, qu'on doit n'employer exclusivement qu'à l'escompte les fonds remis en banque, soit en comptes courants, soit à titre de simples dépôts.

Ces établissements se laissèrent donc entraîner à immobiliser une forte partie de leur capital flottant dans des commandites à l'industrie, dans des avances à long terme, sur titres et même sur propriétés.

La révolution de 1848 arriva : le besoin d'espèces se fit sentir subitement de toutes parts ; on demanda à ces maisons le remboursement des crédits en comptes courants, les bons de caisse affluaient en masse à leurs guichets, et comme il était impossible de faire immédiatement argent de créances à long terme, d'actions, de propriétés et de titres divers, tous furent obligés de suspendre leurs payements. Ce n'était pas une crise, c'était un désastre.

III

ORIGINE DU COMPTOIR NATIONAL.

Le danger était imminent ; il était urgent d'apporter, autant que cela était possible, un remède à une situation qui, prolongée seulement de quelques jours, pouvait jeter les affaires dans une effrayante anarchie. Rendons au moins cette justice au Gouvernement provisoire, qui, en décrétant dès le 4 mars 1848, sous le titre de *Dotation du petit commerce*, le Comptoir national d'escompte, sauvait la fortune de la France du seul péril réel et sérieux qu'elle ait couru peut-être à cette époque, car nous n'admettons pas qu'elle ait manqué d'être dévorée par le socialisme, dont les coryphées du parti modéré aimaient tant à effrayer les enfants de la République.

Le Gouvernement provisoire décrétait, le 7 mars

suivant, que le fonds social du Comptoir national serait de 20 millions, dont un tiers serait versé en espèces par les actionnaires, un tiers en bons du Trésor par l'État, et un tiers en obligations par la ville de Paris.

Le 8 mars, un nouveau décret arrêtait les bases sur lesquelles devait être constitué le Comptoir national, et fixait à trois ans la durée de cette institution.

Le 9, un nouveau décret nommait son directeur, M. Pagnerre, et le 18 cet établissement commençait à fonctionner.

Un acte du 25 avril 1848 constate que 5,000 actions étaient alors placées, et que cet établissement était définitivement constitué.

Prorogé de six ans par acte du 19 avril 1850, un nouvel acte, en date du 5 avril 1853, porta son capital social à 33.333,500 fr., dont 20 millions devaient être fournis par les actionnaires, 6,667,000 fr. par la ville de Paris, en obligations, et 6,666,500 fr. par l'État, en bons du Trésor.

Le 25 juillet 1854, un décret impérial constitua définitivement en société anonyme privilégiée le Comptoir national d'escompte pour trente ans, à partir du 18 mars 1857, supprima les garanties de l'État et de la ville de Paris, et réduisit ainsi son capital effectif à 20 millions, mais il autorisa en même temps la société à porter ce capital à 40 millions.

En 1860, le Sous-Comptoir des entrepreneurs fut enlevé au Comptoir national pour être incorporé au Crédit foncier. Est-ce comme compensation que le Gouvernement lui a concédé la faculté d'émettre les 20 derniers millions de son fonds social, et le privilége d'établir des comptoirs dans nos colonies, aux Indes et en Chine ? On pourrait le croire, puisque c'est au moment même où la caisse des entrepreneurs lui était enlevée que ce nouveau privilége lui a été accordé.

IV

OPÉRATIONS DU COMPTOIR.

D'après ses statuts, arrêtés en 1854, les opérations du Comptoir national d'escompte consistaient :

« 1° A escompter les effets de commerce payables à Paris, dans les départements et à l'étranger, les engagements souscrits à l'ordre des sous-comptoirs de garantie, créés auprès de lui ; les billets à son ordre, accompagnés de récépissés de dépôt de marchandises, etc.

» 2° A faire des avances sur rentes françaises, actions ou obligations d'entreprises industrielles ou de crédit, *constituées en sociétés anonymes* françaises, mais seulement jusqu'à concurrence des deux tiers de la valeur, et à la condition que ces avances ne dépasseront pas quatre-vingt-dix jours ni le cinquième du capital social réalisé ;

» 3° A se charger de tous payements et de tous recouvrements à Paris, dans les départements, à l'étranger ; à fournir et à accepter tous mandats, traites ou lettres de change, dont la couverture aurait été préalablement faite... ; à se charger du recouvrement de tous intérêts et dividendes ; de l'achat ou de la vente pour le compte de tiers, de toute espèce de fonds publics et valeurs industrielles ;

» 4° A ouvrir toute souscription à des emprunts publics ou autres, et pour la réalisation *de toute société anonyme*, sous cette réserve qu'aucune souscription, pour les emprunts étrangers, ne pourra avoir lieu sans l'autorisation du ministre des finances ;

» 5° A recevoir, en compte courant, et jusqu'à concurrence d'une fois et demie du capital réalisé, les fonds qui lui seraient versés à un taux d'intérêt déterminé par le conseil d'administration ;

» 6° Enfin, à recevoir en dépôt, moyennant un

droit de garde, toute espèce de titres et valeurs. »
Toutes autres opérations lui étaient interdites.

V

LES SOCIÉTÉS NON ANONYMES EXCLUES DU CRÉDIT DE LA SOCIÉTÉ.

Voilà un programme clairement rédigé et définissant parfaitement toutes les opérations que le Comptoir national est autorisé à faire ; mais que signifie cette condition statutaire, imposée par le conseil d'État à toutes les sociétés privilégiées de crédit, de restreindre les avances sur dépôts de valeurs industrielles *aux seules actions et obligations des sociétés anonymes?*

Que signifie cette autre prescription statutaire, de n'ouvrir de souscription d'emprunt *que pour les sociétés anonymes?*

Que ces institutions privilégiées n'accordent leur confiance qu'aux entreprises commerciales et industrielles qui offrent de sérieuses garanties qui sont administrées avec intelligence et avec probité, chacun le comprendrait. Du reste, cela est tellement simple et conforme à la raison, qu'il serait vraiment superflu d'imposer dans les statuts ces conditions de crédit aux institutions financières privilégiées.

Mais défendre à ces institutions d'accorder leur concours financier à toutes les sociétés non anonymes, bien que la majeure partie d'entre elles soient aussi recommandables et offrent autant de garanties morales et matérielles que les plus respectables de celles qui ont reçu le baptême de l'anonymat ; c'est là une prohibition qui n'est pas seulement contraire au bon sens, mais qui est surtout très préjudiciable aux intérêts du commerce et de l'industrie, que le Gouvernement a pour but de protéger et de développer en accordant un privilége à certains établissements de crédit.

Nos législateurs ignorent-ils que la forme anonyme ne comprend pas la vingtième partie des sociétés commerciales et indutrielles qui existent en France, et qu'en fermant la porte des établissements financiers privilégiés aux dix-neuf autres vingtièmes, ils excluent du crédit de ces établissements peut-être les trois quarts des forces productives du pays?

Ne craignent-ils donc pas de jeter par cette exclusion la défaveur et le discrédit sur toutes les entreprises industrielles et commerciales qui ne sont pas constituées en société anonyme, et de faire naître ainsi dans l'opinion publique l'idée fausse, anti-économique et contraire à tout progrès qu'en dehors de l'anonymat patronné par le gouvernement, il n'est point de crédit pour la production national, c'est-à-dire point de salut ?

On a voulu mettre en pratique le principe de la liberté pour le commerce extérieur, et c'est très bien ; mais si l'on avait commencé par mettre en pratique la liberté commerciale à l'intérieur, n'eût-on pas mieux fait encore ? On peut, à la rigueur, pousser en avant la charrue sociale, en forçant les bœufs dont elle est attelée à marcher à reculons, mais n'avancerait-elle pas plus facilement et plus vite, si on laissait marcher tout naturellement les bœufs la tête en avant ?

Le Comptoir national a rendu au pays des services immenses, surtout en 1848, 49 et 50. Le concours effectif du Gouvernement, pendant cette période commerciale, a été d'une grande utilité non-seulement pour le Comptoir lui-même, mais pour les intérêts généraux que cette institution avait pour mission de servir et qu'elle a toujours bien servis.

VI

POURQUOI UN PRIVILÉGE EXCLUSIF ?

A partir de 1854, lorsque le Comptoir national d'escompte put voler de ses propres ailes et se passer du concours effectif de l'État et de la ville de Paris, quand il avait pu s'assurer, en exerçant pendant six ans une espèce de monopole, toute la clientèle du commerce de détail ; que les services qu'il rendait au pays se bornaient alors à faire ce que les caisses Gouin, Ganneron et Baudon qu'il avait remplacées, faisaient avant lui, où était la nécessité, l'utilité de lui conserver un privilége excluant toute autre société de crédit qui se serait soumise aux mêmes conditions statutaires et aurait offert les mêmes garanties que lui ? Quel intérêt pouvait avoir le pays à ce que ce privilége exclusif lui fût continué ? Évidemment, le pays n'en avait aucun.

Nous dira-t-on qu'après le triple exemple de déconfiture des caisses Gouin, Ganneron et Baudon, on ne pouvait plus abandonner les opérations d'escompte à la libre concurrence des sociétés en commandite, qui n'offrent pas de garantie suffisante au public? Que ne les abandonnait-on alors à la libre concurrence des sociétés anonymes, bien qu'on puisse contester cependant qu'une société, dans laquelle, depuis la tête jusqu'à la queue, personne n'est responsable de ses actes, offre plus de garantie au public qu'une société dont l'administration a une responsabilité sans limites?

Est-ce que par le fait seul qu'ils sont irresponsables, MM. les administrateurs de l'anonymat ont la science administrative infuse? Si l'on pouvait le croire à la manière dont ils sont choisis et élus, il n'est guère possible de se faire illusion à la manière dont la plupart d'entre eux administrent, sinon en banque, au moins en industrie.

Donc, si le Comptoir national est bien administré, — et d'après les situations mensuelles qu'il publie exactement chaque mois, il n'est pas possible de le mettre en doute, — ce n'est pas parce qu'il est une société anonyme privilégiée, mais tout simplement parce que ses administrateurs sont des hommes capables et ayant une grande expérience des affaires.

VII

DU MODE D'OPÉRER DU COMPTOIR.

Cependant nous devons faire une petite réserve sur sa base principale d'opération. Nous avons examiné très scrupuleusement toutes les opérations que le Comptoir national est autorisé à faire, par ses statuts, et qui, si l'on ne considère que les besoins courants d'espèces qu'elles nécessitent, se résument à peu de chose près à ces deux branches principales : l'escompte et les avances sur titres ou sur consignation de marchandises.

Eh bien ! nous avouons ne pas comprendre qu'avec les ressources de ses comptes courants et de ses dépôts, avec la facilité d'escompter ses bordereaux d'effets de commerce à la Banque de France, et de négocier ses acceptations de banque aux capitalistes qui font ce genre de placement, le Comptoir national ait besoin d'un capital social de 40 millions effectifs pour alimenter son courant d'affaires, et nous craignons un peu que ce capital énorme, qui ne peut être employé d'une manière bien productive dans les opérations d'escompte (1) — surtout quand cet escompte est, comme aujourd'hui, au taux de 3 1/2 p. 0/0 à la Banque, — n'entraîne cette société à faire comme les sociétés en commandite Gouin, Ganneron et Baudon, des opérations plus fructueuses que celles de l'escompte, mais aussi plus chanceuses, et qui, dans le cas d'une crise semblable à celle de 1848, pourraient jeter le Comptoir national dans le plus grand embarras. C'est toujours une situation mauvaise que d'être poussé aux affaires par la nécessité de rémunérer un gros fonds social.

C'est aussi une erreur bien grande de croire que

(1) Le capital actions dont le Comptoir national paye l'intérêt à 5 p. 0/0 lui coûte en ce moment 1 1/2 0/0 plus cher que celui que lui procure l'escompte de son papier à la Banque et aux capitalistes qui ont un portefeuille.

les institutions financières ont d'autant plus de crédit que leur fonds social réalisé est plus fort, ce qui oblige à rechercher des opérations plus productives que sûres, pour pouvoir rémunérer convenablement ce fonds social exagéré. Il suffit, au contraire, pour avoir du crédit, quand on opère bien, d'un capital social important comme chiffre, mais dont il n'est besoin de réaliser que la seule partie nécessaire au roulement des affaires, ce qui permet alors de le rémunérer largement, en faisant beaucoup moins d'opérations, mais d'autant plus sûres qu'elles sont moins productives, et cela sans qu'il soit besoin d'exagérer le prix des services qu'on rend, et sans diminuer en rien la garantie offerte au public.

L'art et l'habileté du banquier consistent à opérer, non avec ses propres fonds, mais avec ceux de sa clientèle, qui lui reviennent toujours moins cher.

La Société générale de crédit industriel et commercial est la seule des institutions privilégiées de crédit, en France, qui, à l'instar des banques anglaises anonymes, mais non privilégiées, opère d'après ces bons principes. Nous allons consacrer à son examen le chapitre suivant.

SOCIÉTÉ GÉNÉRALE

DE

CRÉDIT INDUSTRIEL ET COMMERCIAL.

Qui sème bien récoltera bien.

I

Le système financier de la Société générale de Crédit industriel et commercial n'est pas une invention indigène, car les *joint-stock-banks* existent déjà depuis assez longtemps en Angleterre, mais il a été importé de ce pays par un banquier français non moins intelligent que Jacques Laffitte.

Comprenant toute l'utilité d'une semblable institution de crédit, et le succès qu'elle était appelée à obtenir en France, à cause de son utilité même, il poursuivit avec une rare persévérance près du Gouvernement, la demande d'une Société anonyme privilégiée

Cette Société, autorisée par décret impérial, en avril 1859, fut admise enfin dans le giron de l'anonymat, après avoir attendu, pendant plus de cinq ans, à la porte du sanctuaire.

Mais aussi pourquoi inscrire sur son drapeau cette devise un peu banale : *Société générale de crédit.... industriel*, quand on ne veut faire que du crédit commercial? La vue seule de ces quatre mots a suffi pour jeter la panique dans le camp des privilégiés de la spéculation, qui ont bien pu croire, en effet, en lisant cette étiquette, que ces nouveaux prétendants au privilége de l'anonymat n'avaient d'autre but que de venir empiéter sur leur domaine.

Nous-mêmes, avouons-le, n'aurions pas nourri contre cette société plus d'une année de prévention, si nous n'avions pas été dupe de son titre.

Il est donc bien entendu que la Société générale de Crédit industriel ne fait que du crédit commercial. Comment le fait-elle ? *That is the question.*

II

OPÉRATIONS DE LA SOCIÉTÉ.

Les opérations de cette société sont à peu près les mêmes que celles du Comptoir national d'escompte, dont nous avons donné la nomenclature dans le chapitre précédent ; elle chante les mêmes airs, mais il paraît qu'elle les chante encore mieux que lui, puisqu'avec le même fonds social, en traitant moitié moins d'affaires, et en vendant à sa clientèle le crédit moins cher que le Comptoir national ne le vend à la sienne, la Société générale de Crédit donne néanmoins à ses actionnaires autant, sinon plus de dividende, que le Comptoir national n'en donne aux siens.

Cependant, nous avons reconnu que le Comptoir national était parfaitement administré ; d'où peut donc provenir une différence aussi grande dans les résultats obtenus par ces deux établissements ? Elle provient tout simplement de ce que le Comptoir, en réalisant entièrement son fonds social de 40 millions — ce qui offre moins de garantie au public que s'il en laissait en réserve et en dehors de ses affaires les trois quarts entre les mains de ses actionnaires, — se grève naturellement d'un intérêt et d'un dividende proportionnel à ces 40 millions, tandis que la Société générale de Crédit industriel, en ne réalisant qu'un quart de son capital de 40 millions, se trouve avoir, par le fait, une réserve de 30 millions qui ne court aucune des chances de ses opérations, ce qui offre une garantie d'autant plus sérieuse au public, et restreint, en outre, les charges de son fonds social au quart de celles du fonds social réalisé du Comptoir.

Voilà pourquoi, bien que ces deux établissements présentent au public une garantie égale comme capital, celle offerte par la Société du Crédit industriel est néanmoins plus réelle, plus sérieuse que celle, très suffisante du reste, du Comptoir, et voilà pourquoi, toutes conditions étant égales aussi, elle peut distribuer, en ne faisant que 25 millions d'affaires, autant de dividendes à son capital versé, que le Comptoir national à son fonds social réalisé, quand il en fait pour 100 millions (1).

—

Cette expérience est décisive ; elle prouve péremptoirement la justesse des principes que nous défendons en matière de crédit, à savoir :

(1) C'est encore une erreur économique universellement répandue aujourd'hui de croire qu'un fonds social entièrement versé et employé dans les opérations sociales, présente au public plus de garantie qu'un fonds social réalisé seulement en partie. C'est le contraire qui est vrai, puisque, dans le premier cas, le fonds social est entièrement compromis si la chance a été mauvaise, tandis que, dans le second, il n'y a de compromis que la partie engagée dans les opérations, ce qui offre une sécurité d'autant plus grande pour les tiers.

venons de définir, ses vues vont plus loin encore :
au moyen de *chèques* qu'elle s'efforce d'acclima-
ter aussi en France, elle compte utiliser et rendre
·productif cet autre capital flottant qu'on désigne
vulgairement par cet expression *argent de poche*.

Au lieu de conserver cet argent improductif
dans sa poche, — puisque c'est l'expression consacrée, — le particulier a intérêt à le verser à la
caisse de la Société générale de Crédit industriel
et commercial, qui lui ouvrira un compte courant
faisant produire 2 0/0 d'intérêt à son argent. Elle
lui remet en échange un livret contenant des récépissés en blanc, c'est-à-dire des *chèques*, que le
déposant remplit lui-même au fur et à mesure
de ses besoins ; il paye avec ces chèques toutes
ses acquisitions, quel qu'en soit le chiffre, et la Société générale de Crédit les rembourse à présen-
tation aux tiers-porteurs, ce qui évite à son client
la peine d'effectuer ses payements lui-même.

Tous les six mois, la Société arrête le compte
du déposant et porte à son crédit l'intérêt produit
par son argent, depuis le jour du dépôt jusqu'au
jour du remboursement des chèques. Par ce
moyen, l'argent de poche lui-même est utilisé et
peut concourir ainsi directement à la circulation,
et indirectement à la production des richesses.

V

ORDRES DE BOURSE.

La Société générale de Crédit industriel et commercial fait encore une opération qui, sous une apparence bien modeste, nous paraît cependant avoir une grande utilité pour les capitalistes non spéculateurs.

Au moment où la nouvelle loi sur les agents de change vient de diminuer les garanties que l'ancienne constitution de leurs charges présentait au public, en rendant solidaires les associés qui les exploitaient, il n'est pas sans intérêt pour lui de trouver, dans l'intervention d'une grande institution financière, un moyen facile et économique de s'assurer contre l'aggravation de risques qui résultent pour lui de la nouvelle loi.

Certes, nous sommes bien loin de vouloir jeter le moindre discrédit sur l'honorable corporation des agents de change, que nous avons en parfaite estime; mais enfin, on en a vu faillir; c'est malheureusement un fait qui s'est produit assez souvent dans ces dernières années, et qui peut se reproduire encore.

On sait que lorsqu'un client sérieux veut acheter ou vendre des effets publics, il est obligé de déposer à l'avance, chez l'agent, ses fonds ou ses titres. — L'agent de change ne fait crédit qu'au client spéculateur qui achète sans fonds et qui vend sans titres. — Le client sérieux, qui a déposé son argent ou ses valeurs, est donc presque seul exposé à perdre en cas de faillite de l'agent de change. Voilà la situation étrange imposée aux capitalistes qui ne spéculent pas, par la loi qui oblige tout citoyen à se servir de l'intermédiaire des agents de change pour acheter ou vendre des valeurs publiques.

—

La Société générale du Crédit industriel et commercial est venue combler cette grave lacune de la loi, en se chargeant de faire exécuter *les ordres de bourse*, sous sa propre responsabilité, moyennant une commission d'un *quinzième* pour cent, soit 6 centimes et demi par 100 fr. en sus du courtage de l'agent de change.

Mais là ne se bornent pas les avantages de son intervention, et c'est ici que l'utilité des banques de dépôt va clairement ressortir.

Le capitaliste qui veut vendre ou acheter des fonds publics est donc obligé de se déplacer pour porter ses fonds ou ses titres chez l'agent de change, et pour aller les rechercher lorsque l'achat ou la vente a été effectuée ; puis il s'écoule nécessairement plusieurs jours entre le dépôt et le payement des valeurs vendues ou la livraison des titres achetés, pendant lesquels l'intérêt de l'argent est naturellement perdu, l'agent n'ayant aucun moyen de l'utiliser. Si, au lieu d'avoir ces titres et ces fonds déposés chez soi, à la Banque de France ou dans d'autres caisses publiques, on les avait confiés à la Société de Crédit industriel, et si elle était chargée de vendre ou d'acheter les valeurs de Bourse selon les désirs ou suivant les besoins de ses clients, comme elle n'est pas obligée de faire le dépôt préalable chez son agent de change, avec lequel elle est en relations journalières, elle ne lui remet ses titres que lorsqu'elle en reçoit l'argent, ou ne les paye que lorsqu'on les lui livre, il n'y a plus par conséquent pour son client ni frais de déplacement ni perte de temps, ni perte d'intérêt, puisque la société lui tient toujours compte de cet intérêt jusqu'au moment où soit l'argent, soit le titre sort de sa caisse.

Encore une dernière considération à ce sujet qui, au point de vue des intérêts du capitaliste, ne manque pas non plus d'importance.

Le spéculateur qui assiste à toutes les séances de la Bourse, depuis le commencement jusqu'à la fin, fait passer au parquet ses ordres de vente ou d'achat, selon la fluctuation des cours. Ses ordres peuvent être alors immédiatement exécutés et il peut être informé presque instantanément de cette exécution, qui représente toujours ainsi le résultat vrai de l'achat ou de la vente.

Mais il n'en est pas de même pour le capitaliste qui ne fréquente pas la Bourse, qui donne ses ordres avant son ouverture et ne reçoit de réponse qu'après la clôture ; et si le cours des valeurs a varié plusieurs fois pendant la séance, si sa rente, par exemple, a été vendue au-dessus du cours qu'il avait fixé, ou si elle a été achetée au-dessous du cours qu'il avait indiqué, qu'est-ce qui lui garantit qu'en pareil cas il profitera de la différence? Les agents de change sont si occupés, qu'à peine ont-ils le temps, en rentrant de la Bourse, de faire le dépouillement de leur carnet, et ils ont encore moins celui de vérifier le taux auquel ont été faits chaque vente et chaque achat spécial. Ils sont obligés d'appliquer alors à la hâte à chaque client, suivant les conditions indiquées dans les ordres, les ventes et les achats de la journée, et le boni qui a pu être réalisé sur certaines d'entre elles passe le plus souvent inaperçu à travers cet encombrement d'opérations au milieu des résidus de caisse, qui ne se retrouvent ensuite incognito qu'aux inventaires de fin d'année.

Avec l'intervention de la Société générale de Crédit industriel, on ne court pas la chance de voir ce boni disparaître dans la poussière des bureaux. Elle a un employé spécial, chargé de faire exécuter *les ordres de Bourse ;* il assiste à toutes les séances, passe lui-même directement au parquet les ordres de ses clients, et s'ils sont exécutés à des conditions meilleures que celles qu'il a fixées, c'est nécessairement le client qui toujours en profite, puisque le bordereau de l'agent, fourni par la société à l'appui du règlement de compte, en fait foi.

VI

CONCLUSION.

Dans un temps où presque toutes les institutions de crédit semblent avoir été organisées dans le seul intérêt de la spéculation qui stérilise les capitaux, on ne saurait trop féliciter la Société générale de Crédit industriel de s'être fondée en vue de faire fructifier ceux qui sont improductifs et de venir en outre aider et protéger les intérêts des capitalistes sérieux, les seuls réellement utiles à la production et au développement de la richesse nationale.

Voilà donc un établissement financier d'une utilité réelle, et qui rend à bon marché au public des services incontestables. Quoi de plus simple et par conséquent de plus économique que ce mécanisme financier, qui consiste à recevoir des espèces en dépôt et à les employer en achat d'acceptations souscrites par des maisons de banque de premier ordre, ce qui met le capital ainsi employé à l'abri de toute chance de perte et en assure la disponibilité constante?

Quelles opérations plus sûres que celles-là peut-on faire en banque, et sur quelles bases plus solides que celles-là aussi pourrait-on établir son crédit? Certes, c'est en vain qu'on en chercherait d'autres.

La Société générale de Crédit industriel et commercial est la seule de toutes les sociétés privilégiées de crédit qui offre au public, en dehors d'une bonne administration, une responsabilité effective, égale à quatre fois le capital qu'elle a engagé dans ses opérations. Or, comment a-t-elle pu remplir cette condition de garantie, dont l'importance est primordiale? Tout simplement en ne faisant verser à ses actionnaires que le quart du capital souscrit.

Eh bien, ce fait, qui nous paraît si important au point de vue de la législation des sociétés commerciales, semble être resté incompris au conseil d'État, qui ne nous paraît pas en avoir tiré aucun enseignement utile pour la loi sur les sociétés à responsabilité limitée. Si cette garantie de la Société générale de Crédit industriel et commercial a été bien appréciée du public, — le développement rapide de ses opérations est la preuve qu'il en a été ainsi, — son utilité a-t-elle été bien comprise ? Le Gouvernement lui-même, qui lui a accordé son privilége après cinq ans d'hésitation et de réflexion, se rend-il bien compte de cette utilité ? On pourrait en douter quand on le voit autoriser des sociétés de crédit privilégiées à recevoir en dépôt des fonds qu'elles ne peuvent employer dans leurs opérations, et qui, précisément parce qu'elles ne peuvent les employer, les versent en compte courant au Trésor, qui ne les utilise pas davantage, et qui se trouve ainsi grevé de l'intérêt de ces fonds sans compensation.

Dans quel but le Gouvernement, en faisant cette concurrence aux banques de dépôt, qui peuvent seules faire fructifier le capital flottant et le faire concourir au développement de la richesse, le détournerait-il de ces établissements pour l'attirer dans les caisses de sociétés de crédit qui, à cause de la nature même de leurs opérations, ne peuvent rien en faire? Évidemment, il ne peut y avoir, de la part du Gouvernement, aucune préméditation à agir ainsi; seulement, comme l'établissement des banques spéciales de dépôt est chose nouvelle en France, on n'a pas encore suffisamment compris qu'à elles seules il appartient de faire fructifier le capital flottant, et qu'en dehors d'elles ce capital, qui doit rester constamment disponible, est nécessairement frappé de stérilité. Nous croyons donc être le sage interprète des intérêts du pays en appelant sur ces sortes de banques la sérieuse attention du Gouvernement et du public.

Si les banques de dépôt actuelles ne suffisent pas à l'emploi de tous les capitaux flottants — et nous sommes convaincus qu'il s'en faut de beaucoup qu'elles puissent suffire à tous les besoins — que le Gouvernement encourage la création de nouveaux établissements de ce genre, au lieu d'en faire le privilége exclusif d'un seul — après le succès de la Société générale de Crédit industriel, il peut être sûr que les amateurs ne manqueront pas — et nous applaudirons à cette détermination, d'abord à cause des résultats utiles qu'elle ne peut manquer de produire, et ensuite parce qu'il ferait ainsi un trou dans ces priviléges des institutions de crédit qui, en dehors de celui accordé, à titre provisoire, à la Banque de France, pour l'émission des billets au porteur, nous paraissent contraires aux principes de liberté, que nous croyons être les seuls vrais et les seuls propices en matière de finances, d'industrie et de commerce, de même qu'en matière d'ordre social et politique.

DEUXIÈME PARTIE

LES INSTITUTIONS DE CRÉDIT

A LONG TERME.

I

Le capital employé à la distribution des richesses pouvant se renouveler entièrement par la seule vente des produits contre lesquels il a été momentanément échangé, on comprend que le prêt à court terme, sous forme d'escompte, réponde parfaitement aux besoins du commerce. Mais le capital consacré à la production ne pouvant se renouveler que par l'épargne et par l'accumulation des produits, on comprend, au contraire, que le prêt à long terme, remboursable par fractions ou par annuités, puisse seul convenir à l'agriculture et à l'industrie.

Par conséquent, le crédit sous forme d'escompte ne peut être utile qu'à l'échange des produits, c'est-à-dire aux commerçants, tandis que le crédit sous forme de prêt à long terme est absolument nécessaire aux propriétaires, aux cultivateurs et aux industriels dont le capital reste immobilisé plus ou moins longtemps dans leurs travaux. Si donc les banques d'escompte suffisent complétement aux besoins des premiers, il ne peut être pourvu aux besoins des seconds que par des institutions de crédit spéciales et organisées de façon à pouvoir faire des prêts à long terme, ce que les banques d'escompte ne peuvent pas faire.

Il est facile d'apprécier, par cette simple analyse du crédit, combien il importe aux intérêts généraux que les institutions financières fondées spécialement dans le but de venir en aide à la propriété, à l'agriculture et aux industries qui s'y rattachent, consacrent leurs capitaux à faciliter les opérations de la culture et de la manutention des produits, et non à favoriser celle de la vente de ces mêmes produits, puisqu'il y a déjà des banques d'escompte qui peuvent suffire amplement aux besoins de cette dernière opération. Il est donc bien essentiel pour les intérêts publics que ces institutions ne s'écartent pas du but pour lequel elles ont

été créées et qu'elles se bornent à faire aux propriétaires, et aux cultivateurs des prêts à long
terme, remboursables par fractions.

Le Crédit foncier et le Crédit agricole se conform-
ment-ils exactement au but de leur institution et
à l'esprit de leurs statuts ? C'est ce que nous allons
consciencieusement examiner dans cette étude.

II

HISTORIQUE DE QUELQUES ÉTABLISSEMENTS DE CRÉDIT A
LONG TERME.

La *Caisse hypothécaire*, qui a été fondée en
1820, est la première institution de crédit créée
en France dans le but de venir en aide à la propriété foncière, la première qui ait mis en pratique les prêts hypothécaires à long terme, remboursables par fractions.

Voici comment elle opérait :

Elle ajoutait au capital prêté l'intérêt à 4 p. 0/0
pendant toute la durée du prêt, puis elle divisait
en dix annuités de remboursement, par exemple,
si le prêt était fait pour dix ans, le capital ainsi
accru de ces dix années d'intérêt.

Pour accepter des conditions aussi onéreuses,

il fallait que les propriétaires fussent dans l'impossibilité de pouvoir emprunter aux conditions
ordinaires du prêt sur hypothèques; aussi la société eut-elle parmi ses contractants un grand
nombre de débiteurs gênés, qui n'exécutèrent
point leurs engagements, et les pertes considérables qu'elle fit l'obligèrent à se mettre en liquidation quelque temps avant la révolution de Février.

—

Dans les dernières années de la Restauration,
une autre institution de crédit hypothécaire avait
été établie à Nancy; sous la dénomination de
*Caisse de libération des dettes hypothécaires Val-
denaire et C*. Cette société, qui, à l'origine,
n'opérait que dans le département de la Meurthe
et dans quelques localités voisines, eut d'abord
un très grand succès, surtout si on le compare
aux faibles ressources dont elle pouvait disposer.
En effet, elle avait déjà réalisé, en 1837, à l'époque
où elle vint s'établir à Paris, près de 15 millions
de prêts s'amortissant par annuités.

Son système de crédit était absolument le
même que celui du Crédit foncier de France,
dont la composition des annuités a été calquée
sur celle de la *Caisse de libération des dettes*

hypothécaires. La seule différence dans leur manière d'opérer consistait en ce qu'au lieu de faire, comme le Crédit foncier, des prêts directs, la Caisse de libération intervenait seulement entre le débiteur et le créancier, pour obtenir de ce dernier des prorogations de délai successives, lorsque le total des annuités versées à la Caisse par les débiteurs ne suffisait pas au payement des créances dont le remboursement était exigé.

Elle n'opérait donc pas, comme le Crédit foncier de France, avec des capitaux empruntés à des tiers ; elle se procurait près des créanciers hypothécaires eux-mêmes, quand les annuités des débiteurs étaient insuffisantes, les ressources nécessaires au roulement de ses opérations, en obtenant d'eux des prorogations de délai. Elle trouvait ainsi, dans la seule dette hypothécaire, non-seulement une source de crédit, mais encore le moyen de réduire cette dette du montant des annuités d'amortissement qui lui étaient versées par les débiteurs.

C'était comprendre on ne peut mieux le problème du crédit foncier, et sous le rapport le plus utile. Certes, il y avait là un enseignement et un précédent précieux à consulter et à méditer pour ceux qui voulaient doter la France d'une institution de crédit foncier véritablement utile. Mais cette idée si féconde avait un vice originel.

qui devait la faire avorter : elle était française, et il valait bien mieux aller prendre à l'étranger, pour modèle d'une institution de crédit qui devait être basée sur le libre asquiescement des créanciers et des débiteurs, des établissements de crédit *forcé*, dont l'usage fut imposé à l'origine par les Gouvernements à tous les créanciers hypothécaires, pour sauver d'une banqueroute inévitable la noblesse, alors seule propriétaire du sol, et que de longues guerres d'invasion avaient complétement ruinée.

Au début de ces sociétés étrangères, les créanciers ne prêtaient nullement leur argent contre des lettres de gage, soit en Pologne, soit en Prusse; ils acceptaient tout simplement, quand cette acceptation ne leur était pas imposée par la loi, ces lettres de gage en payement de créances depuis longtemps échues et impayées, et dans lesquelles ils n'auraient pu jamais rentrer sans le concours de ces établissements de crédit.

Si, plus tard, les capitalistes ont librement concouru au développement de ces institutions, en acquérant contre espèces des lettres de gage, c'est aux conditions économiques dans lesquelles se trouvaient alors ces contrées, conditions bien différentes de celles dans lesquelles est placée la France aujourd'hui, qu'il faut surtout l'attribuer.

Pendant longtemps, sans dette publique, sans

industrie, sans commerce extérieur, les capitaux disponibles ne purent guère être utilisés, en Pologne et en Prusse, qu'en prêts hypothécaires. Mais ce qui a surtout contribué à leur attirer le concours des capitalistes sous le règne de Frédéric II, c'est l'altération des monnaies par ce prince. Tous les capitalistes s'empressèrent de mettre leurs fonds à la disposition de ces institutions de crédit, et évitèrent ainsi la dépréciation des monnaies, qui resta à la charge des emprunteurs. La situation des propriétaires nobles silésiens était tellement obérée en 1763, que, pour les mettre à l'abri d'une expropriation imminente, le grand Frédéric avait publié un édit qui prorogeait de trois ans tout remboursement hypothécaire exigible. Il avait vaincu la noblesse silésienne avec son épée; c'est avec de semblables édits qu'il se la concilia. Ces sortes d'institutions de crédit qui, après avoir été fort utiles à l'origine, peuvent être encore très convenables pour ces pays, où elles ont pu s'implanter dans les mœurs après un siècle d'existence, ne conviennent nullement, on doit le comprendre, à notre état politique et financier; on ne peut donc véritablement attribuer la cause de la préférence qui leur a été accordée sur les sociétés et sur les projets indigènes restés incompris ou oubliés dans les cartons nationaux, qu'à l'avantage qu'elles ont eu sur ces dernières de ne pas être d'origine française. Nul n'est prophète en son pays.

A peine la Caisse de libération des dettes hypothécaires fut-elle installée à Paris, qu'une guerre à outrance s'engagea entre elle et une institution rivale, — la *Banque d'amortissement des dettes hypothécaires*, — qui venait de se constituer exactement sur les mêmes bases.

Cette guerre fut fatale à ces deux établissements; leur crédit ne put résister à leurs attaques incessantes, et tous deux furent entraînés bientôt dans une liquidation désastreuse.

—

Vivement frappé par cet ingénieux système d'amortissement de la dette hypothécaire et par les avantages incalculables qui nous paraissaient devoir en résulter pour le développement de la production et de la richesse nationale, nous l'avions étudié avec la foi ardente d'un néophyte en finances et en économie sociale, et lorsque nous vîmes tomber les deux seuls établissements de ce genre qui existaient en France, l'idée nous vint alors de fonder une grande société anonyme pour les remplacer.

Un an plus tard, ayant réuni tous les éléments nécessaires à la formation de cette société,

M. Bixio et nous passions devant Mᶜ Planchat, notaire, l'acte par lequel devait être constituée cette société, sous le titre de : *l'Épargne agricole*, au capital de 12 millions, et dans le but de faciliter l'amortissement de la dette hypothécaire.

Les membres du conseil d'administration de cette société étaient :

M. le vicomte de Bondy, pair de France, président ;

M. Bonnaire, député, ancien notaire ;

M. Demesmay, député ;

M. Genty de Bussy, député ;

M. le vicomte Siméon, conseiller d'État, député ;

M. Considérant, membre du conseil général de la Seine ;

M. Moll, professeur d'agriculture au Conservatoire.

Nous fîmes immédiatement notre demande de société anonyme au ministère du commerce et de l'agriculture. Disons de suite que nous trouvâmes dans M. Cénacle, alors directeur de la division du commerce, une opposition telle que, malgré toutes les hautes influences auxquelles nous nous étions adressés pour agir sur lui, malgré les démarches réitérées faites auprès du ministre, il a fallu renoncer à l'espoir d'obtenir jamais l'autorisation de cette société anonyme. En effet, M. Cénacle nous avait déclaré très nettement. en réponse à notre demande, que le Gouvernement n'autoriserait jamais une société anonyme pour faire des opérations semblables. Cela se passait en 1844 et 1845.

On trouvera dans la note ci-dessous quelques-unes des considérations que nous faisions valoir à l'appui de notre demande, et auxquelles nous prions nos lecteurs de vouloir bien apporter quelque attention (1).

(1) « On confond presque toujours, dans les questions de crédit, deux choses qui n'ont cependant aucun rapport entre
» elles : la circulation du capital et la circulation du titre re-
» présentant le capital. Montrons d'abord, par un exemple, les
» effets tout différents que produisent ces deux sortes de circu-
» lation.

» La dette hypothécaire s'élève actuellement à 12 milliards
» environ. Supposons que, tous les ans, les propriétaires grevés
» remboursassent le sixième de cette somme ; ce serait 2 mil-
» liards qu'on pourrait prêter chaque année sur d'autres pro-
» priétés, qui, sans cela, manqueront de capitaux. Voilà donc la
» circulation de ces 12 milliards opérée en six ans par le seul
» fait de ce remboursement annuel : elle va répandre et déve-
» lopper abondamment le travail et la richesse. Chacun com-
» prend cela ; chacun comprend aussi que si ce capital n'est pas
» remboursé, il ne peut aller alimenter d'autres travaux, fécon-
» der d'autres domaines ; qu'en un mot, quoi qu'on invente et
» quoi qu'on fasse, on ne peut rendre à la circulation un capital
» prêté sans que les emprunteurs aient remboursé ce capital.

» Supposons, au contraire, que, par un procédé quelconque,
» on ait rendu les contrats hypothécaires aussi facilement trans-
» missibles que des rentes sur l'État, ces contrats vont peut-être
» changer de propriétaires tous les mois, toutes les semaines,
» tous les jours ; mais ce déplacement continuel du titre fera-t-il

» circuler le capital? Nullement. Ce capital restera entre les
» mains du même débiteur et ne pourra, malgré cette améliora-
» tion dans la confection du titre, aller féconder d'autres pro-
» priétés tant que les débiteurs ne l'auront pas remboursé, ne
» l'auront pas rendu à la circulation.

» Il résulte de ce qui précède :

» 1° Que, pour activer la circulation des contrats d'hypo-
» thèque, circulation qui ne procurerait d'avantages sérieux
» qu'aux prêteurs, il faut une réforme complète du code hypo-
» thécaire;

» 2° Que, pour activer la circulation des capitaux prêtés à la
» propriété foncière, — chose qui importe avant tout au dé-
» veloppement de la production et de la richesse publique, —
» il faut assurer seulement aux débiteurs hypothécaires des
» moyens de libération faciles et économiques.

» Eh bien! qu'a-t-on fait en France jusqu'à présent? On n'a
» songé à mettre en avant que des projets de banque foncière,
» reposant tous sur une émission de mandats hypothécaires, qui
» ne peuvent être admis dans la circulation comme instrument
» d'échange et de réalisation, puisqu'ils ne représentent qu'une
» valeur de placement toute spéciale. Mais personne n'a jamais
» songé encore à établir une simple caisse d'épargne hypothé-
» caire, à l'aide de laquelle on puisse amortir la dette de 12 mil-
» liards, et rendre successivement ainsi ce capital à la circula-
» tion et au travail productif.

» On entend dire journellement et partout : le crédit foncier
» n'existe pas en France; la propriété n'a pas de crédit; et ce-
» pendant la dette foncière active s'élève aujourd'hui à 12 mil-
» liards, en retranchant 2 milliards pour les hypothèques péri-
» mées et les priviléges de vendeur. N'est-ce pas là une preuve
» suffisante du crédit de la propriété? Nous dirons plus : c'est
» qu'un crédit de 12 milliards excéderait même les besoins
» d'emprunt hypothécaires, si tous les prêts se remboursaient
» régulièrement. En effet, le prêt hypothécaire se contracte gé-
» néralement pour cinq années. Si les remboursements se fai-
» saient exactement, les propriétés non grevées d'hypothèques
» auraient tous les ans un crédit d'au moins 2,600,000,000
» puisque la dette totale est de 12 milliards, et qu'elle aug-

» mente chaque jour. Si la propriété n'a pas cette ressource
» annuelle de 2,600,000,000, c'est qu'évidemment les débiteurs
» ne remboursent pas tous les cinq ans. Si la propriété ne trouve
» pas 650 millions de l'ancienne dette à sa disposition chaque
» année, c'est que nombre de remboursements ne s'effectuent
» même pas en vingt ans, c'est que les capitaux enfouis dans
» les propriétés des premiers emprunteurs n'en sortent pas
» à mesure de l'augmentation du revenu de ces propriétés, et
» qu'ils ne peuvent par conséquent aller féconder celles qui en
» manquent ; et si ces capitaux n'ont pas été remboursés avec
» l'augmentation successive du revenu foncier dont a joui le dé-
» biteur, c'est qu'évidemment celui-ci emprunte à des conditions
» de remboursement qu'il ne peut remplir, c'est qu'il manque
» des facilités nécessaires pour sa libération. Donc, le crédit de
» la propriété serait bien suffisant si les débiteurs sur hypothèque
» pouvaient s'acquitter en temps utile ; donc le seul problème
» réellement important à résoudre dans l'intérêt de la propriété,
» de l'agriculture et de la richesse publique, c'est, nous le ré-
» pétons, de créer pour le débiteur hypothécaire des moyens
» faciles et économiques de libération. Cela est évident, incon-
» testable. Examinons maintenant comment la compagnie que
» nous voulons fonder pourra rendre facile cette libération. »

Mécanisme d'une compagnie d'amortissement de la dette foncière.

« Si un certain nombre de débiteurs hypothécaires pouvaient
» s'associer, mettre en commun leurs garanties et leurs épargnes
» et rembourser annuellement une partie de leurs créanciers, il
» est certain qu'ils se trouveraient dans les meilleures conditions
» possibles de crédit. En effet, la garantie des créanciers serait
» considérablement augmentée par la solidarité des débiteurs, et
» ces derniers, outre l'avantage d'un laps de temps nécessaire
» pour leur libération, trouveraient encore, dans une extinction
» d'intérêts proportionnelle aux remboursements effectués, le
» bénéfice de l'intérêt composé.

» Mais comment des débiteurs hypothécaires pourraient-ils
» consentir à une association solidaire, quand ils n'offrent en
» garantie ni des hypothèques de même valeur et de même or-

» dre, ni le même degré de solvabilité, etc. ? Directement, cela
» est impossible. L'intervention d'un intermédiaire est donc ici
» d'absolue nécessité. Supposons l'existence d'une compagnie in-
» termédiaire, et voyons quelle serait sa fonction. Cette compa-
» gnie recevrait les épargnes annuelles des débiteurs, rembour-
» serait toutes les créances qu'il serait possible d'éteindre avec
» ces épargnes; elle tiendrait compte à chaque débiteur de l'ex-
» tinction d'intérêt produite par les remboursements propor-
» tionnellement aux sommes que le débiteur aurait versées. La
» compagnie améliorerait ainsi tous les ans le gage des créan-
» ciers non remboursés. Ceux-ci, lorsque la totalité des épar-
» gnes ne pourrait faire face à l'acquittement des obligations
» exigibles, seraient d'autant mieux disposés à reculer l'époque
» de leurs remboursements qu'ils auraient, outre la garantie
» hypothécaire de leur débiteur, celle de la compagnie qui s'en-
» gagerait pour lui. Enfin le service des intérêts aurait double
» chance d'être fait exactement aux créanciers, puisque la com-
» pagnie serait chargée de payer cet intérêt concurremment
» avec le débiteur.

» Quand on réfléchit un moment à tous les avantages que pré-
» senterait une institution d'un mécanisme aussi simple, on reste
» convaincu qu'elle est de première utilité, qu'elle seule peut
» donner à l'agriculture, à l'industrie, à la production natio-
» nale en un mot, un nouvel et vigoureux essor, en lui pro-
» curant les capitaux indispensables à son développement et à
» son progrès.

» Les débiteurs hypothécaires trouveront dans une telle com-
» pagnie la facilité de se libérer de leurs dettes dans un délai
» variable de dix à quarante ans, moyennant le payement d'une
» somme annuelle appelée annuité, qui comprend en même
» temps l'intérêt, les frais et la somme nécessaire à l'amortis-
» sement du capital.

» Cette annuité se paye d'avance.....

» Terminons cette note en comparant notre mode d'opération
» à celui de la Caisse hypothécaire, qui a la prétention de ne prê-
» ter ses fonds qu'à 4 0/0.

» Pour se libérer en vingt ans par l'intermédiaire de la Caisse
» hypothécaire, le débiteur qui a emprunté 1,000 fr. à 4 0/0,

» paie à la compagnie vingt intérêts de 40 fr. et vingt portions
» de capital de 50 fr., en tout 1,800 fr.

» Pour s'acquitter en vingt ans par l'intermédiaire de notre
» compagnie, un débiteur qui a emprunté 1,000 fr. à 4 0/0,
» payera vingt annuités de 76 fr. 50 c. Total, 1,530 fr., diffé-
» rence en faveur de notre compagnie 270 fr., ou plus du quart
» du capital primitif (1,000 fr.). Ce résultat n'a pas besoin de
» commentaire. »

Nos hommes d'État ont trouvé, quinze ans plus tard, qu'il serait
beaucoup plus utile aux intérêts du pays de créer une émission de
lettres de gage, en augmentation de la dette hypothécaire actuelle,
pour venir en aide à la propriété foncière, que d'établir une
caisse d'épargne qui, en facilitant la libération des débiteurs,
permettrait d'amortir cette dette de 12 milliards, et d'en faire
refluer dans la circulation le capital au fur et à mesure de son
amortissement.

Les citoyens proposent, mais les gouvernements, plus ou moins
intelligemment, disposent...

Ce projet de crédit foncier, joint à un projet de véritable crédit mobilier, a été présenté de nouveau par nous, en 1849, à
la Constituante.

C'est en vain que nous avons fait depuis des recherches pour
savoir par où ces projets avaient passé, et ce qu'ils étaient devenus.

Il paraît qu'à cette époque il n'y avait que les projets venant
en ligne directe de la Pologne ou de la Judée qui ne s'égaraient
pas.

Aussi le Crédit foncier de France a-t-il des historiographes qui
croient pouvoir affirmer qu'avant lui « *quelques publicistes seulement avaient répandu, depuis peu d'années parmi nous, la notion du système de crédit foncier pratiqué en Allemagne.* » C'est
ainsi qu'on écrit l'histoire... du Crédit foncier.

LE CRÉDIT FONCIER DE FRANCE.

Il se maria avec la spéculation, il en eut de enfants et il fut heureux.

I

Voici comment les historiographes du Crédit foncier de France racontent son histoire :

« Le Crédit foncier de France est *jeune* encore,
» et déjà il a *une histoire*. Cette histoire comprend
» trois époques déterminées par trois décrets qui
» remanient son organisation :

   » 1° Le décret du 28 mars 1852 ;

   » 2° Le décret du 10 décembre 1852 ;

   » 3° Le décret du 6 juillet 1854.

   » *Le principe de sa création* est dans le décret
» organique du 28 février 1852....

   » *Son acte de naissance* est dans le décret du
» 28 mars 1852, qui fonde cette Société sous le
» titre de *Banque foncière de Paris*....

9

» Lorsque parut le décret du 28 février, peu de
» personnes, — M. l'historiographe compris sans
» doute, — étaient initiées au mécanisme du sys-
» tème dont il avait pour but de *favoriser l'in-*
» *troduction* dans ce pays. Bien que depuis près
» d'un siècle il *fonctionnât chez des nations voi-*
» *sines*, où il avait contribué à *accomplir sous*
» *nos yeux l'une des plus grandes révolutions*
» *économiques* de notre temps, *l'affranchissement*
» *des biens de paysans*, c'était seulement depuis
» *un petit nombre d'années* que quelques publi-
» cistes *en avaient répandu la notion parmi*
» *nous.* »

Chose singulière, nous avions toujours cru jusqu'à présent qu'en Prusse, en Autriche, en Pologne
et dans la plupart des États allemands où des
institutions de crédit foncier fonctionnent depuis
tantôt cent ans, les biens nobles étaient encore
affranchis à cette heure des taxes qui seules sont
payées par les biens de paysans, et qu'en France,
au contraire, où nous ne possédons notre jeune
Crédit foncier que depuis huit ans, les biens de
paysans sont affranchis depuis 1790.

En ce qui concerne la France, nous ne nous
permettrons pas de contester l'opinion d'un avocat
à la cour impériale de Paris, député au Corps législatif et auteur de plusieurs ouvrages sur le Crédit foncier ; nous devons être nécessairement dans

l'erreur, puisque nous ne sommes rien de tout cela ; mais, en ce qui concerne les nations voisines, nous rejetons l'erreur, si elle existe, sur M. Royer, inspecteur d'agriculture, chargé par le Gouvernement de Juillet d'étudier toutes les institutions de crédit foncier en Allemagne, et dans le rapport duquel nous avons puisé nos renseignements, comme l'historiographe du Crédit foncier semble, du reste, y avoir puisé aussi les siens, puisqu'il cite le rapport de M. Royer à plusieurs reprises.

Voici comment M. Royer commence son rapport :

« Toutes les institutions de crédit foncier qui
» existent en Allemagne aujourd'hui paraissent
» *avoir pour but principal, sinon unique, de*
» *prêter sur hypothèque à la grande propriété*
» *ou tout au plus à la moyenne, et particulière-*
» *ment aux biens appelés nobles (ritterschaft),*
» que ces propriétaires soient eux-mêmes nobles
» ou roturiers (1).

» Le désir de voir ces biens mis en complète
» valeur au moyen de capitaux empruntés à des
» conditions favorables ; la nécessité de procurer
» ces capitaux aux propriétaires *pour les sous-*

---

(1) En achetant un bien noble, — tous ont appartenu dans l'origine à la noblesse, — le roturier jouit des priviléges attachés originairement à ce bien.

» *traire à l'expropriation forcée qui les menaçait*
» par suite des dettes énormes contractées dans
» quelques provinces, et notamment en Silésie
» après la paix de 1763 ; enfin, l'espoir *de les*
» *libérer entièrement des charges onéreuses qui*
» *les grevaient précédemment,* semblent avoir été
» *partout le but principal* que se sont proposé
» les divers Gouvernements, en facilitant l'éta-
» blissement des institutions de crédit fon-
» cier. »

Eh bien! nous nous demandons comment des
institutions de crédit instituées dans *le but prin-*
cipal, sinon unique, de prêter à la grande propriété,
tout au plus à la moyenne, et particulièrement
aux biens nobles, peut avoir accompli la grande
révolution économique de l'affranchissement des
biens de paysans!

Comment est-il possible de dire que le Crédit
foncier a été créé dans le même but que ces institutions étrangères, quand, au lieu de venir *sous-*
traire, comme elles, *les propriétaires à l'expro-*
priation forcée qui les menace, il a soin de les
exclure au contraire de ses statuts?

Comment peut-on dire qu'il opère exactement
comme ces institutions qui ont pour but de *dé-*
grever entièrement la propriété des charges oné-
reuses qui la grevaient précédemment, puisque
ses opérations à lui, loin de dégrever les proprié-

tés de leurs anciennes dettes qu'il laisse de côté, ne font que grever au contraire d'une dette nouvelle, à l'aide de capitaux nouveaux, celles sur lesquelles il prête ?

Comment peut-on comparer enfin le mécanisme de ces institutions, qui alimentent les prêts nouveaux faits à la propriété avec l'amortissement des dettes anciennes, à celui du Crédit foncier, qui laisse l'ancienne dette hypothécaire complétement en dehors de ses opérations et n'amortit que les prêts nouveaux faits par lui ?

M. Royer dit encore, dans son rapport : « Le » principe qui sert de fondement à toutes ces » institutions n'est pas moins simple que le but » qu'elles poursuivent ; c'est *l'association volon-* » *taire* d'un grand nombre de propriétaires, pour » offrir une garantie solidaire et collective, *morale* » *plutôt que matérielle,* etc. »

Existe-t-il rien de semblable entre les emprunteurs au Crédit foncier ? et ce dernier accepte-t-il pour ses prêts des garanties plutôt morales que matérielles ?

La lettre de gage est la seule chose qui ait été empruntée par le Crédit foncier de France aux institutions allemandes, et encore, avant 1857, était-elle complétement défigurée.

En Allemagne, où les maisons de jeu et les loteries sont autorisées par les Gouvernements, la lettre de gage a toujours été préservée de leur souillure (1).

En France, où la loterie et les maisons de jeu sont prohibées par la loi, on a commencé par faire de la lettre de gage ou de l'obligation un billet de loterie, et il en a été ainsi en Allemagne et en France, parce qu'en Allemagne ces institutions, complétement étrangères à la spéculation, sont administrées dans le seul intérêt public, tandis qu'en France, au contraire, ces institutions de crédit sont presque toutes administrées dans l'intérêt des seuls actionnaires, c'est-à-dire dans l'intérêt de la spéculation.

Mais laissons de côté cette histoire du Crédit foncier, que nos lecteurs pourraient bien prendre pour un conte.

La Banque foncière de Paris a été fondée, en vertu du décret du 28 mars 1852, au capital de

---

(1) Il n'y a dans toute l'Allemagne, la Prusse et l'Autriche comprises, qu'une seule institution de crédit foncier organisée par actions et émettant des obligations comme le Crédit foncier de France : c'est la Banque hypothécaire de Munich, et c'est celle qui fait payer l'intérêt le plus cher.

25 millions; son privilége était restreint dans les limites de la Cour d'appel de Paris.

Généralement on attribue à MM. Wolowski et Léon Faucher le plan primitif d'organisation de cette Banque.

« La Société avait pour objet :

» 1° De prêter sur hypothèque aux proprié-
» taires d'immeubles situés dans les départe-
» ments où il n'existe pas de société de crédit
» foncier, et dans ceux dont les sociétés auront
» été, avec l'autorisation du Gouvernement, in-
» corporées à la Banque foncière, des sommes
» remboursables par les emprunteurs au moyen
» d'annuités comprenant les intérêts, l'amortis-
» sement, ainsi que les frais d'administration ;

» 2° D'appliquer, avec l'autorisation du Gou-
» vernement, tout autre système ayant pour objet
» de faciliter les prêts sur immeubles et la libé-
» ration du débiteur ;

» 3° De créer, pour une valeur égale à celle des
» engagements hypothécaires souscrits à son
» profit, des obligations produisant un intérêt
» annuel, par la voie du tirage au sort, *avec ou*
» *sans lots et primes*, et portant le titre *d'obliga-*
» *tions foncières ;*

» 4° De négocier ces obligations ;

» 5° De recevoir en prêt, *sans intérêt*, les

» sommes destinées à être converties en obliga-
» tions foncières. »

M. Wolowski fut nommé directeur de la société.

Le montant des prêts faits par cette société, presque dans le seul ressort de la Cour impériale de Paris, a été de 54,337,800 fr. Le taux de l'annuité de remboursement, en cinquante ans, était de 5 p. 0/0 (1).

Deux autres banques foncières, autorisées à la même époque que celle de Paris, avaient commencé aussi à fonctionner; l'une s'était établie à Marseille et l'autre à Nevers.

Plusieurs établissements, autorisés également par le Gouvernement, étaient en train de s'organiser à Lyon, à Bordeaux, à Toulouse, à Limoges, à Poitiers, à Orléans, à Brest, à Saint-Quentin et à Épinal, quand le décret du 10 décembre 1852 étendit le privilége de la Banque foncière à tous les départements, excepté à ceux dans lesquels fonctionnaient déjà les banques de Nevers et de Marseille, fixa à 60 millions le nouveau capital; lui accorda une subvention de 10 millions, et changea son titre de Banque foncière en celui de *Crédit foncier de France.*

---

(1) Il a fallu augmenter le taux de cette annuité plus tard, pour pouvoir faire face aux frais d'état-major du Crédit foncier de France.

Un décret, en date du 6 juillet 1854, remplaça la direction ancienne du Crédit foncier par un gouverneur et deux sous-gouverneurs, et l'institua définitivement sur les bases où il est aujourd'hui.

La loi du 28 mai 1858 autorisa le Crédit foncier à faire des prêts pour le drainage; le décret du 11 janvier 1860 étendit son privilége à l'Algérie; celui du 19 mai 1860 lui annexa le Sous-Comptoir des entrepreneurs, et enfin la loi du 6 juillet 1860 l'autorisa à faire des prêts aux départements et aux communes, sans garantie hypothécaire.

Lors de la conversion du 4 1/2 en 3 p. 0/0, il fut également autorisé à prêter, sur dépôt de titres de rentes, aux hospices et autres établissements publics, le montant de la soulte nécessaire pour opérer la conversion de leurs titres.

Le taux de l'annuité, après avoir été, dans l'origine, de 5 p. 0/0 pour la période de cinquante années, s'est élevé successivement à 5.44, puis à 5.65 p. 0/0; il est aujourd'hui à 5.95 p. 0/0. Ainsi, voilà la situation financière que nous a faite la spéculation, clairement démontrée par des faits positifs, incontestables, par les résultats financiers des opérations du Crédit foncier.

Exubérance croissante des capitaux oisifs, appartenant à la spéculation, qui oblige le Crédit foncier à baisser l'intérêt de ses dépôts en compte courant, pour ne pas être embarrassé de l'augmentation de ces dépôts, rareté croissante des capitaux qui cherchent un placement sérieux, ce qui l'oblige à accroître successivement l'intérêt de ses prêts hypothécaires et le taux de ses annuités, cette sorte de capitaux devenant de plus en plus rare.

Ce fait économique est frappant et peut donner une idée de l'énormité du capital détourné de la production nationale par la spéculation, mais *oculos habent et non videbunt.*

II

OPÉRATIONS DU CRÉDIT FONCIER.

La dette hypothécaire active de la France est évaluée par les statisticiens à plus de 10 milliards, et il est constaté que depuis l'élan donné à la spéculation sur les effets publics, en 1853, elle n'a pas augmenté ; les nouveaux capitalistes des grandes villes, et principalement de Paris, ne prêtent plus sur hypothèque. Les notaires de la capitale n'ont plus guère de clients prêteurs sur hypothèques que le Crédit foncier. C'est surtout à cet état de choses qu'il faut attribuer le développement de ses opérations dans le département de la Seine.

Le renouvellement annuel de cette dette, soit par prorogation soit par subrogation au profit de nouveaux prêteurs, est de plus de 2 milliards, puisque la durée moyenne des prêts hypothécaires est de cinq années.

La moyenne annuelle des prêts à long terme faits par le Crédit foncier de France depuis son origine jusqu'à ce jour, déduction faite de 48,483,785 fr. de prêts communaux, est donc de 20,483,785 fr., c'est-à-dire qu'il concourt, jusqu'à concurrence de moins de 1 p. 0/0, dans le total des prêts hypothécaires faits annuellement en France.

D'après le compte rendu de 1861, les prêts communaux et hypothécaires effectués dans le département de la Seine s'élèvent à la somme de 201,295,900 fr., et ceux réalisés dans les autres départements, au chiffre de 74,281,414 fr.

En ne confondant pas dans ces deux totaux, comme l'a fait M. le gouverneur dans son compte rendu, les prêts communaux et les prêts hypothécaires, qui n'ont aucun rapport entre eux, on reconnaît de suite que l'augmentation de 39 millions d'affaires, signalée par le rapport pour l'exercice 1861, est due uniquement aux prêts faits aux communes et à la Société immobilière de Paris; et si l'on retranche de ces 39 millions 29,783,185 fr. 12 c. de prêts communaux, plus

les 15 millions prêtés à la Société immobilière,
— prêt tout à fait exceptionnel, — on trouve que,
loin d'avoir augmenté, les prêts hypothécaires à
long terme, ceux que le Crédit foncier a surtout
pour but d'étendre et de propager en France, sont
tombés, en 1861, de 5,782,185 fr. 12 c. au-dessous de ceux de 1860, dans lesquels était déjà
compris un autre prêt exceptionnel de 12 millions
fait à la susdite Société immobilière.

Or, depuis que la Banque foncière, compagnie
à directeur, qui n'a guère opéré que dans le ressort de la Cour impériale de Paris, a été transfor-
mée en société à gouverneur, et cela pour faire
jouir plus facilement du crédit à long terme les
propriétaires de nos quatre-vingt-neuf départements, la moyenne des prêts faits annuellement
dans toute la France, par le Crédit foncier, est
descendue au-dessous de celle des prêts faits autrefois, par sa devancière, dans le seul ressort de
la Cour impériale de Paris. En effet, la moyenne
des prêts de la Banque foncière, pendant les
deux seules années qu'on l'a laissée vivre, a
été de 27,168,900 fr., tandis que celle du Crédit foncier de France, après huit ans d'existence, d'étude et de science pratique, n'est que de
21,533,523 fr.

En effet, si l'on retranche des 275 millions d'o-
pérations effectuées par le Crédit foncier ;

1° Pour les prêts communaux. 48,974,330

2° Pour les prêts faits par la
Banque foncière, de 1852 à 1854. 54,337,800

Total. . . . 103,309,130

il restera pour la totalité des prêts faits à la propriété par le Crédit foncier de France, en huit années, 172,268,184 fr., soit 21,533,523 fr. par an.

Nous ne prétendons pas que ce triste résultat ait pour cause une inhabileté de l'administration de cette Société ; une semblable pensée n'est point dans notre esprit et n'inspire pas notre critique ; mais il faut bien attribuer alors cet insuccès, car c'est bien là un véritable insuccès, au système lui-même, dont les bases doivent nécessairement être défectueuses pour produire un résultat pareil. Et cependant on ne peut contester que le prêt hypothécaire à long terme, remboursable par annuités, ne constitue un des plus grands progrès de la science économique et financière moderne.

III

OBSTACLES AU DÉVELOPPEMENT DES OPÉRATIONS DU CRÉDIT FONCIER.

L'obstacle principal au développement des opérations du Crédit foncier provient, selon nous, de son système outré de centralisation ; c'est là le vice radical de son organisation administrative. L'idée première de créer des institutions de crédit foncier dans chaque Cour impériale de France, ayant chacune une administration indépendante, pouvant diriger ses opérations sous sa propre responsabilité et sans être obligée de les soumettre préalablement au contrôle d'une administration centrale, toujours moins favorablement placée pour les apprécier que celles qui sont installées sur les lieux mêmes, cette première idée, disons-nous, était incontestablement plus rationnelle, au point de vue pratique, que celle de la centralisation administrative, qui a obtenu la préférence dans les conseils du Gouvernement.

Que ces institutions eussent été reliées, même solidairement entre elles, par un établissement central, auquel elles auraient transféré leurs prêts, et où elles auraient puisé de nouvelles ressources pour pouvoir étendre de plus en plus le cercle de leurs opérations, nous aurions compris cela ; mais vouloir qu'une administration, siégeant à Paris, voie tout et fasse tout par elle-même, sans avoir recours, en province, à des administrations intermédiaires, c'est la condamner évidemment à l'impuissance et à l'immobilité.

Se figure-t-on la Banque de France organisée comme le Crédit foncier, et faisant venir à Paris les effets de commerce avant d'autoriser ses agents à les escompter; envoyant à Nantes, à Bordeaux, à Marseille, des experts prendre des renseignements sur la solvabilité, la moralité de chaque négociant nouveau qui présente un billet à l'escompte? Mais la Banque de France aurait obtenu les mêmes résultats que le Crédit foncier; si elle avait opéré ainsi, elle n'aurait pas escompté non plus 60,000 fr. d'effets, en moyenne, par département et par année.

Le Crédit foncier, avec sa centralisation administrative, ressemble exactement à un homme qui aurait la prétention de marcher avec sa seule tête sans avoir recours à ses jambes. Si le Crédit foncier ne fait pour ainsi dire des opérations qu'à Paris, c'est parce que son administration n'a point de jambes qui lui permettent d'aller en faire dans les départements.

Tant que le Crédit foncier n'aura pas au moins dans chaque province, sinon des sociétés indépendantes correspondant avec lui, au moins des succursales ayant la même liberté d'opérer que celles de la Banque de France, les emprunteurs sur hypothèques donneront toujours la préférence aux notaires de la localité, qui n'ont aucun intérêt à mettre leurs clients en rapport avec la Société du Crédit foncier.

Du moment où le propriétaire est obligé, pour emprunter au Crédit foncier, de soumettre sa fortune à une enquête en quelque sorte publique, — enquête qui peut ne pas avoir de grands inconvénients à Paris, où nul ne sait ce que fait son voisin, mais qui en a des plus graves en province, où chacun se connaît, où chacun s'observe, — les emprunts au Crédit foncier deviennent presque impossibles, et ils ne peuvent être possibles qu'à la condition d'être faits *sur place et dans le secret du cabinet*, tels qu'ils s'effectuent aujourd'hui dans les études de notaire. Or, pour pouvoir opérer ainsi, il faut de toute nécessité établir des institutions de crédit dans le plus grand nombre de localités possible, de façon à ce que la valeur des propriétés, la fortune et la moralité de l'emprunteur, qui sont, dans chaque localité, de notoriété publique, dispensent d'expertises, de renseignements, d'enquêtes faites à grand fracas, et qui ne peuvent avoir lieu sans faire naître toujours dans le pays des soupçons sur la solvabilité du propriétaire qui emprunte, et sans porter très gravement atteinte à son crédit personnel.

Voilà pourquoi, sur les 2 milliards d'emprunts

hypothécaires faits annuellement en France, — malgré les énormes avantages offerts aux emprunteurs par le Crédit foncier, tant sous le rapport de la facilité de libération que sous le rapport de l'économie, —*un milliard neuf cent quatre-vingts millions* continuent à être contractés chaque année dans les études des notaires, et *vingt millions* seulement dans les bureaux de l'hôtel des Capucines.

Voilà pourquoi la moyenne des prêts faits annuellement en province par le Crédit foncier ne dépasse pas 60,000 fr. par département, après dix ans d'existence; résultat presque ridicule pour une institution privilégiée, patronnée par le Gouvernement, et qui est intitulée *Crédit foncier de France.*

Telles sont les bases qu'il aurait fallu donner, selon nous, au Crédit foncier pour pouvoir développer promptement en France le crédit hypothécaire à long terme.

IV

FAUX POINT DE VUE PRATIQUE DU CRÉDIT FONCIER.

Le Crédit foncier ne nous paraît pas dirigé non plus avec beaucoup d'entente dans la pratique même de ses opérations. Il n'est point, vis-à-vis du débiteur, dans la situation d'un prêteur ordinaire, qui n'a en vue que son intérêt personnel. Il a pour mission de servir avant tout l'intérêt général auquel doit profiter l'extension du crédit à la propriété foncière, ainsi que les facilités de libération qu'il procure aux propriétaires, et il doit se dire que si un individu, prêteur sur hypothèque, doit tenir avant tout à ce qu'aucun de ses placements ne courre la moindre chance de perte, parce que ses autres prêts, quelque bons et quelque solides qu'ils soient, ne peuvent jamais compenser la perte faite sur un seul, un établissement de crédit, institué dans l'intérêt public, ne doit point, pour ses opérations, se placer à ce point de vue parfaitement juste pour un particulier, mais étroit et faux pour lui. Son but n'est pas de faire un petit nombre de prêts, qui ne donnent jamais un centime de perte, mais bien d'en faire, dans l'intérêt général, le plus grand nombre possible, dont l'ensemble puisse présenter seulement, sur les pertes réalisées, un excédant de bénéfices, et cela parce que l'institution de crédit qui fait 2 milliards d'opérations rapportant 15 millions de commission, et sur lesquels il y a 6 millions de perte, rend dix fois plus de services au pays que celle qui ne fait que 200 millions d'affaires,

perçoit une commission de 1,500,000 fr., et,
comme le Crédit foncier, n'éprouve pas le plus
minime sinistre. En un mot, il est souveraine-
ment contraire aux règles d'une saine économie
politique et d'une bonne entente des intérêts généraux que, dans la crainte de faire un prêt qui
pourrait donner de la perte, une institution de
crédit, créée dans l'intérêt public, néglige d'en
faire cent qui peuvent donner des bénéfices et
augmenter d'autant les forces productives de la
nation.

Il y a donc deux raisons très plausibles pour
que le Crédit foncier de France soit beaucoup
moins exigeant que les notaires à l'égard de la
garantie offerte par l'emprunteur.

La première, c'est que les pertes qu'il peut
faire sur certains prêts sont toujours plus que
compensées par les bénéfices faits sur la masse
des opérations;

La seconde, c'est que, par le fait seul qu'il peut
se libérer par annuité, l'emprunteur au Crédit
foncier devient beaucoup plus solvable que s'il
empruntait aux notaires; car, sur cent débiteurs
qui traitent avec cette institution, plus de quatre-
vingt-quinze pourront se libérer avec leurs propres moyens, conformément aux conditions de
leur contrat, — ce qui fait que la garantie matérielle de leur gage n'a réellement, pour le Crédit

foncier, qu'une importance secondaire, — tandis qu'il n'y a pas vingt débiteurs sur cent qui, ayant emprunté dans les conditions ordinaires du prêt sur hypothèque, par l'intermédiaire des notaires, puissent, avec leurs seules ressources, remplir dans le délai fixé par l'acte les engagements pris vis-à-vis du créancier, ce qui fait que pour le notaire la garantie hypothécaire est nécessairement la chose principale.

Donc, en se plaçant au même point de vue qu'un notaire pour effectuer ses prêts, le Crédit foncier ne comprend ni l'importance de sa haute mission économique et financière, ni la véritable garantie de ses opérations, ni l'intérêt des débiteurs, et encore moins l'intérêt public.

Eh bien! excepté pour la Compagnie immobilière, à l'égard de laquelle il se montre toujours fort galant, le Crédit foncier est infiniment plus exigeant encore que les notaires au sujet de la garantie offerte par les prêteurs, et nous pourrions, au besoin, citer à l'appui de cette assertion vingt exemples de prêts refusés par le Crédit foncier à des conditions qui avaient été acceptées par des notaires de Paris, qui, certes, n'ont pas la reputation de traiter légèrement les affaires.

V

FAUX POINT DE VUE ÉCONOMIQUE DU CRÉDIT FONCIER.

Au point de vue de l'économie publique, cette exigence excessive du Crédit foncier vis-à-vis des emprunteurs a encore un grave inconvénient : elle laisse l'ancienne dette hypothécaire presque entièrement en dehors de sa sphère d'action, et cette exigence lui amène principalement des opérations nouvelles, telles que celle de la Compagnie immobilière, par exemple. Il résulte de là qu'on absorbe et qu'on immobilise un capital de plus en plus considérable en prêts hypothécaires, ce qui tend à faire augmenter l'intérêt de l'argent ; et déjà le Crédit foncier, tout jeune qu'il est, en a fait l'expérience, puisque jusqu'à présent il a été obligé d'augmenter constamment l'intérêt de ses prêts à mesure que leur chiffre a augmenté ; tandis que, s'il s'était appliqué, au contraire, à faire le renouvellement de prêts déjà effectués, non-seulement il aurait évité l'inconvénient, au point de vue de l'intérêt général, d'augmenter la somme des capitaux prêtés à la propriété foncière, mais il en aurait diminué le chiffre par l'amortissement, aurait fait refluer dans la circulation les sommes produites par cet amortissement, et aurait pu abaisser ainsi successivement l'intérêt de l'argent en rendant tous les ans disponible un nombre de capitaux de plus en plus important.

Quant à nous, nous avons la ferme conviction qu'en se plaçant à ces divers points de vue, d'un ordre évidemment plus élevé que celui de l'administration actuelle, pour diriger les opérations du Crédit foncier de France, on aurait réalisé, en dix ans, plus de 2 milliards de prêts hypothécaires à long terme, dont chaque annuité aurait reflué dans la circulation; au lieu de cela, on n'a pas pu dépasser seulement le chiffre de 200 millions, composés en grande partie de prêts nouveaux, qui ont accru la dette totale, diminué la circulation des capitaux et augmenté d'autant l'intérêt, parce qu'on a administré cette institution de crédit public exactement comme on administre une étude de notaire.

VI

PRESQUE TOUTES NOS INSTITUTIONS DE CRÉDIT SONT MARQUÉES AU SCEAU DE LA SPÉCULATION.

Le caractère distinctif de toutes les entreprises industrielles et financières de notre époque, sauf de bien rares exceptions, est la spéculation, et celles qui, comme le Crédit foncier et le Crédit agricole, semblaient ne pouvoir lui laisser aucune prise, ont fini par devenir, elles aussi, un instrument des spéculateurs.

Le Crédit mobilier, ayant perdu le prestige qu'il avait exercé longtemps sur les capitalistes, n'était plus, dans ces dernières années, qu'un levier trop affaibli pour pouvoir soulever encore des spéculations de quelque importance, son influence ne dépassait plus les limites du péristyle de la Bourse, car on commençait à comprendre que s'il a pu entreprendre un grand nombre d'affaires sans se préoccuper beaucoup des convenances du Gouvernement, il en est fort peu qu'il eût pu mener à bonne fin sans le concours de celui-ci.

Le Crédit foncier devint alors le point de mire de la spéculation. La Caisse des Entrepreneurs, détachée du Comptoir national d'escompte, fut accouplée au Crédit foncier de France, accouplement étrange, qui permit aux spéculateurs de mettre à profit les immenses travaux de la ville de Paris; ils désertèrent alors la Bourse, où les opérations à la hausse n'étaient plus possibles, pour venir en faire sur les terrains de la capitale et des environs.

La Caisse des Entrepreneurs et le Crédit foncier ont fourni les moyens de bâtir et d'orner ces terrains de superbes constructions.

Toutes les ouvertures de boulevards, de rues, de squares ou de places publiques, ont été parées d'un hôtel par-ci, d'une maison par-là ; plus loin, d'un grand établissement industriel ; ailleurs, d'une vaste maison de commerce ou d'un immense hôtel meublé ; et l'on entraîna ainsi le capitaliste, ébloui par tant de merveilles, à se mettre au lieu et place de la spéculation qui, comme on devrait le savoir cependant, laisse rarement quelque chose à glaner après sa moisson faite.

C'est ainsi que le Crédit foncier s'est trouvé transformé, un beau matin, en caisse des spéculateurs terriens et des entrepreneurs de bâtiments, contribuant ainsi, sans en avoir conscience, à la hausse factice du prix des propriétés, au renchérissement des constructions et à la surélévation, momentanée sans doute, mais enfin très fâcheuse du taux des loyers. Puis, quand la spéculation aura récolté ses bénéfices, quand elle aura *classé* ses terrains, — c'est l'expression consacrée, — comme elle avait *classé* ses valeurs industrielles, en 1857, c'est-à-dire quand elle les aura repassées à des acquéreurs sérieux et définitifs, qui auront cru faire, en les achetant, un placement avantageux, la plus-value artificielle de ces terrains, n'étant plus soutenue par les manœuvres de la spéculation, disparaîtra comme une ombre, laissant sa silhouette en garantie des quarante ou quarante-cinq annuités restant à payer au jeune et inexpérimenté Crédit foncier de France.

Alors commencera la débâcle sur les terrains; une nouvelle crise financière ramènera bientôt le prix des locations au taux où il était avant cette campagne de hausse; puis, après que la spéculation se sera attribué tous les profits de cette hausse, les grands économistes modernes, oubliant bien vite que c'est à cette spéculation qu'on a dû cette plus-value fantastique et passagère, lui attribueront tout l'honneur de la baisse des loyers dont les derniers propriétaires, non spéculateurs, auront seuls fait les frais. Alors les prédictions et les promesses, si souvent répétées de M. le préfet de la Seine, seront réalisées à la satisfaction générale, et les Parisiens reconnaissants lui élèveront une statue. *Sic transit gloria... et fortuna mundi.*

On peut donc dire, avec quelque raison, que, jusqu'à présent, la société du Crédit foncier de France n'a fait qu'errer autour de la vraie question du crédit hypothécaire, et qu'elle ne l'a nullement comprise; car ce n'est pas la comprendre que de faire du crédit à la spéculation et de laisser en dehors de ses opérations la dette hypothécaire actuelle, dont l'amortissement est ce qui importe le plus au développement de la richesse publique.

VII

NÉCESSITÉ D'UNE CAISSE D'ÉPARGNE HYPOTHÉCAIRE.

Pourquoi ce capital de 10 milliards de prêts reste-t-il presque entièrement improductif et indéfiniment immobilisé dans les mains des mêmes débiteurs? Uniquement parce que ces derniers n'ont aucun moyen de se libérer avec l'augmentation de revenu qu'ils retirent de leur propriété, le prêteur ne pouvant accepter un remboursement fractionné de sa créance; il faut donc, pour pouvoir faire passer successivement ce capital des mains des détenteurs actuels, qui ne peuvent plus le faire produire, entre les mains de propriétaires nouveaux, qui auront la facilité de le faire fructifier, il faut créer, disons-nous, une institution qui reçoive et concentre les épargnes annuelles qui peuvent seules être faites par les premiers, et qui prête ces épargnes aux seconds. Instituer une caisse d'épargne hypothécaire où les propriétaires débiteurs aient intérêt à verser leurs économies, et où ils puissent trouver un moyen sûr et facile de se libérer, voilà la question!

C'est donc uniquement parce que les anciens

emprunteurs sur hypothèque manquent de moyens d'épargne et de libération, que le capital de 10 milliards prêté à la propriété foncière ne s'amortit pas, et reste immobilisé indéfiniment et stérilement entre les mains des premiers détenteurs, au grand détriment de la production nationale.

Si les ouvriers, pour qui l'économie n'est qu'une mesure de sage prévoyance, vont porter à la Caisse d'épargne l'excédant de leur salaire sur leur dépense de ménage, et rendent ainsi disponible en permanence un capital de plus de 400 millions qui s'augmente chaque jour, — capital auquel nos grands financiers n'ont pas su donner encore un emploi utile et productif, puisqu'ils le déposent tout simplement au Trésor, — quel résultat ne pourrait-on pas espérer d'une caisse d'épargne spéciale aux emprunteurs hypothécaires, pour qui l'économie n'est pas seulement une mesure de prévoyance, mais encore une nécessité de leur position de débiteur ?

Qu'est-ce qui a rendu disponible ce capital de 400 millions provenant des épargnes de la classe ouvrière, et que jusqu'à présent l'on n'a pu rendre encore à la circulation ? L'institution des caisses d'épargne ! Sans elles, ce capital fût-il jamais sorti du néant, comme pourraient le dire cette fois avec raison certaines brochures financières ? Or, nous le répétons encore, si l'épargne *volontaire*, faite sur leur salaire par les ouvriers, a pu mettre en disponibilité une somme de plus de 400 millions, quel capital ne ferait pas refluer vers la production des richesses l'épargne *nécessaire* pour la classe des propriétaires, endettée de 10 milliards?

VIII

MOYEN D'AMORTIR LA DETTE FONCIÈRE ACTUELLE.

Mais une institution semblable ne devrait pas se borner à recevoir seulement les épargnes des débiteurs hypothécaires et à les placer, elle devrait adopter encore d'autres mesures non moins avantageuses aux emprunteurs qu'aux créanciers, et qui pourraient conduire très promptement au déplacement et à l'amortissement de la dette foncière actuelle.

Cette caisse pourrait prendre l'engagement, par exemple, de se substituer au lieu et place du prêteur, plusieurs années avant l'échéance des contrats d'emprunt, à la condition que le débiteur verserait, pendant trois, quatre ou cinq ans, à la Caisse d'épargne hypothécaire, et en dehors de l'intérêt dû au créancier, une annuité d'amortissement de sa dette.

Ce genre d'opération présenterait beaucoup plus de sécurité qu'un prêt direct, puisqu'elle aurait subi déjà un premier examen fait par un premier créancier, dans un intérêt tout personnel ; que la solvabilité de l'emprunteur, indépendamment de la valeur du gage, aurait été soumise à une épreuve de plusieurs années avant la réalisation du prêt, et qu'enfin, au moment de rembourser le prêteur, ce même gage serait encore amélioré du montant des annuités versées par le débiteur à la caisse, ainsi que de leur intérêt capitalisé.

On éviterait, par ce moyen, une des principales difficultés que présentent les subrogations au profit du Crédit foncier, qui croit faire acte de prudence et preuve de science administrative, en prêtant aux contractants toujours moins que les créanciers auxquels il est subrogé.

Or, quel est le débiteur solvable qui ne s'empresserait pas de souscrire et de remplir les conditions d'un contrat provisoire semblable, devant une pareille perspective d'économie et de tranquillité ?

Quel est le créancier qui n'engagerait pas son débiteur à traiter avec la Caisse d'épargne hypothécaire, en voyant, dans l'intervention de cette dernière, l'assurance d'être remboursé à jour fixe, s'il a besoin d'espèces, à l'échéance de son contrat, ou de trouver un accroissement de garantie s'il veut continuer à se servir de l'intermédiaire de cette caisse pour placer hypothécairement ses fonds?

Quel est le créancier qui, consentant à prêter à un simple particulier, refuserait de prêter à une caisse, qui, à la garantie de ce même particulier, viendrait ajouter encore la sienne? Mais nous mettons en fait qu'à l'exception des seuls prêteurs qui, à l'échéance des contrats, auraient besoin de donner un autre emploi à leurs fonds, tous traiteraient avec la Caisse d'épargne hypothécaire, et cette dernière, au lieu d'être obligée, comme le Crédit foncier, de s'adresser à des tiers pour se procurer les capitaux indispensables au renouvellement de ses opérations, trouverait auprès de ces mêmes prêteurs, au moyen de prorogations de délai, tous les fonds qui seraient nécessaires au roulement et au développement de ses affaires.

En un mot, elle tirerait de la dette hypothécaire elle-même les moyens de la déplacer et de l'amortir, au lieu de l'augmenter, comme fait le Crédit foncier de France, en ne prêtant qu'à des contractants nouveaux. Pour ne pas se créer une opposition fâcheuse de la part des notaires, dont le concours serait, du reste, fort utile, peut-être même indispensable pour arriver promptement à un résultat d'une certaine importance, il faudrait leur allouer, pour chaque opération faite dans leur étude, les honoraires auxquels ils ont droit pour leurs actes de prorogation et de subrogation.

Tel est, selon nous, le véritable moyen de déplacer et d'amortir, dans un délai assez court, une bonne partie de la dette foncière.

IX

LES EMPRUNTEURS SONT-ILS TOUS ÉGAUX DEVANT LES STATUTS DU CRÉDIT FONCIER?

Mais nous voilà bien loin des opérations du Crédit foncier de France. Revenons donc sur nos pas, pour faire une courte excursion dans son dernier compte rendu. Arrêtons-nous d'abord aux articles 56 et 57 de ses statuts, dont le premier limite à la moitié de la valeur de l'immeuble hypothéqué le montant des prêts, et dont le second exige que le revenu de la propriété hypothéquée soit au moins égal au montant de l'annuité : nous verrons si le Crédit foncier observe aussi rigoureusement ses statuts avec les spéculateurs qu'avec les simples propriétaires.

M. le gouverneur dit dans son rapport :

« Sur ces prêts, 826, montant à 69,380,700 fr.,
» sont garantis par des immeubles situés dans le
» département de la Seine. L'un d'eux, s'élevant
» à 15 millions, a été fait à la Compagnie immo-
» bilière de Paris, dont la dette envers nous s'é-
» lève aujourd'hui à 27 millions. Cette dette est
» garantie *par l'intégralité des immeubles* de cette
» Société, situés, vous le savez, rue de Rivoli,
» rue de Marignan, boulevard Malesherbes et
» boulevard des Capucines, lesquels ont une su-
» perficie totale de 67,890 mètres, comprennent
» plus de 30,000 mètres *de constructions de pre-*
» *mier ordre, et, soit par leurs revenus, soit par*
» *leur valeur en capital, dépassent de beaucoup*
» *les proportions exigées par vos statuts.* »

D'après les art. 56 et 57 de ses statuts, le Crédit foncier, pour pouvoir prêter 27 millions à la
Société immobilière, devrait donc avoir en garantie 54 millions d'immeubles, ayant un revenu
de 1,350,000 fr. Or, M. le président du conseil
d'administration de la Compagnie immobilière,
après avoir dit dans son rapport : « Que le Crédit
» foncier, en traitant avec la Compagnie, trouve
» les conditions de *sécurité exceptionnelle* qu'offre
» à ces prêts la garantie d'un capital social réalisé,
» qui, avec la réserve, atteint déjà 42,800,000 fr., »
évalue dans son bilan à 40,783,617 fr. 60 c. la
totalité des immeubles sociaux grevés déjà d'un

privilége de vendeur de 2,111,099 fr. 60 c., et à 367,670 fr. 75 c. le revenu net de ces immeubles.

Ce capital et ce revenu, loin *de dépasser de beaucoup les proportions exigées par les statuts*, comme lé dit dans son rapport M. le gouverneur du Crédit foncier, nous paraît être, au contraire, si nous ne faisons pas d'erreur de calcul, de 13,327,482 fr. au-dessous du chiffre exigé par l'article 56 des statuts pour le capital, et de 982,329 fr. 25 c. au-dessous de la proportion du revenu exigée par l'art. 57.

Si le Crédit foncier n'était pas plus exigeant à l'égard de tous les autres emprunteurs, notamment à l'égard de ceux qui s'adressent à lui pour améliorer leurs terres et pour développer la production agricole, nous nous garderions bien de rien dire de cette transgression des statuts, car nous trouvons ces restrictions des art. 56 et 57, indépendamment de la difficulté de les appliquer d'une manière rationnelle avec les tarifs d'annuités, parfaitement superflues. Nous ne signalons donc cette infraction aux statuts du Crédit foncier en faveur de la Société immobilière que pour prouver l'influence qu'exerce aujourd'hui la spéculation sur cet établissement, et pour montrer que, lorsque nous affirmions cette influence, nous ne disions que la vérité.

IV

DES DÉPOTS EN COMPTE COURANT.

Le rapport de M. le gouverneur nous apprend encore que le montant des sommes déposées en compte courant au Crédit foncier s'est élevé, pendant l'année 1861, à 252,794,487 fr. 95 c. L'énormité de ce chiffre nous donne la mesure de l'influence fâcheuse que doit exercer sur l'ensemble des affaires cette espèce de prime d'encouragement donnée par le Crédit foncier à l'oisiveté des capitaux (1).

Aujourd'hui, les affaires de spéculation sont pour ainsi dire mortes, et les spéculateurs, détenteurs d'immenses capitaux, incapables de faire autre chose que de la spéculation, au lieu de les placer, vont demander asile pour eux à toutes les caisses publiques qui, pour faire valoir ces

(1) Ainsi, quand le Crédit foncier ne peut émettre en dix ans pour 200 millions d'obligations sans augmenter l'intérêt de ses prêts, il trouve 252 millions en une seule année de capitaux inoccupés qui refusent de se placer, uniquement dans l'attente d'une spéculation possible. Nous serions curieux de savoir le mouvement qui s'est opéré dans les dépôts du Crédit foncier pendant la hausse formidable qui est survenue subitement à la Bourse depuis la fin de septembre jusqu'à ce jour, 4 octobre.

capitaux à leur profit, sont bien obligées de les mettre à la disposition du commerce et de l'industrie. Or, avant la création de ces nouvelles caisses, la spéculation était réduite, pour ses dépôts de valeurs, à s'adresser à la Banque de France, qui ne lui donnait aucun intérêt.

Cet état de choses avait pour résultat de ne faire jouir ces capitaux oisifs que d'un revenu minime, en rapport avec les minimes services qu'ils pouvaient rendre, et cette situation, assez désavantageuse du capitaliste spéculateur, tendait à le ramener vers les placements et les affaires sérieuses, où il pouvait toujours trouver, pour son capital, un intérêt bien plus important que celui qu'il retire d'un dépôt en compte courant.

Eh bien! le Gouvernement a eu la malheureuse idée d'autoriser le Crédit foncier à recevoir des fonds en compte courant, à 2 1/2 p. 0/0 d'intérêt, et à déposer ces mêmes fonds en compte courant au Trésor, qui en paye à ce dernier l'intérêt à 3 p. 0/0 et d'offrir ainsi à ces capitaux oisifs des avantages tels, qu'ils ont déserté la Banque de France et les banques particulières, pour tomber entièrement à la charge du Trésor public, dont les sacrifices sont sans compensation aucune, puisque ni le Crédit foncier ni le Trésor, ainsi que nous allons le démontrer, ne peuvent donner à ces capitaux aucun emploi utile.

V

IMPOSSIBILITÉ AU CRÉDIT FONCIER D'UTILISER LE CAPITAL DES DÉPOTS.

D'abord , pour faire face aux prêts hypothécaires à long terme, le Crédit foncier n'a aucun
besoin des sommes provenant de ces dépôts, M. le
gouverneur l'affirme lui-même dans ce passage
de son rapport : « Il ne nous serait pas possible
» de nous servir, pour des prêts à long terme,
» de fonds toujours exigibles, reçus en compte
» courant... Ces fonds sont *pour moitié déposés*
» *en compte courant au Trésor*, l'autre moitié est
» consacrée à des opérations qui s'échelonnent,
» dans un délai maximum de quatre-vingt-dix
» jours, et dont la durée moyenne *est de trente*
» *à quarante jours.* »

Quelles sont donc les opérations hypothécaires
qui s'échelonnent dans un délai de trente à quatre-vingt-dix jours? Nous n'en connaissons pas
et le rapport ne nous en fait pas connaître. Dans
tous les cas, s'il en existe, les 11 millions d'annuités encaissées mensuellement par le Crédit
foncier peuvent amplement suffire au roulement

de fonds nécessité par la totalité de ses opérations hypothécaires, s'élevant en moyenne, avec les prêts faits aux communes et aux entrepreneurs, à 25 ou 30 millions par année.

Les 252 millions déposés en compte courant n'ont pas été employés non plus à l'escompte des billets souscrits par les entrepreneurs, car, d'après le compte rendu, le Crédit foncier n'a escompté que 10,208,171 fr. 85 de ces effets, qu'il aurait pu d'ailleurs transférer à la Banque de France s'il avait eu besoin de ces 10 millions pour d'autres opérations.

Le Crédit foncier, par la nature même de ses opérations, ne peut donc avoir l'emploi des fonds qui lui sont remis en compte courant. Pourquoi et dans quel but est-il autorisé à en recevoir et à les enlever aux établissements financiers qui peuvent au contraire les utiliser ?

Le Gouvernement a-t-il voulu se ménager, par son intermédiaire, une nouvelle source pour alimenter la dette flottante du Trésor ?

Mais, si telle a été son intention, pourquoi recevoir en compte courant, par l'intermédiaire du Crédit foncier, des fonds qui pourraient lui être versés directement par le public, auquel il ne payerait que 2 1/2 p. 0/0 au lieu d'en payer 3 au Crédit foncier? Pourquoi donner une commission de 1/2 p. 0/0 pour les seuls embarras que les dépôts de ce dernier lui causent ? Où est la nécessité de mettre tous les ans pour cela, à la charge des contribuables, 1,500,000 fr., et d'ajouter ainsi de 300 à 350,000 fr. aux dividendes du Crédit foncier, déjà fort respectables cependnnt.

Ces fonds, remboursables à vue ou à quelques jours de vue, ne sont pas plus utiles aux opérations du Crédit foncier et du Trésor, que le capital en rentes sur l'Etat n'est utile à celles de la Banque de France.

Le Trésor n'a pas besoin de cette ressource, puisqu'il verse les fonds qu'il reçoit du Crédit foncier, et dont il paye l'intérêt à 3 0/0, en compte courant à la Banque de France, qui ne lui donne pas d'intérêt du tout. Si le Crédit foncier veut absolument recevoir des dépôts en compte courant, eh bien ! que ce soit à ses risques et périls qu'il les emploie, ainsi que cela se fait dans toutes les autres institutions de crédit même privilégiées. Le Crédit foncier jouit déjà de priviléges assez exorbitants pour qu'on ne lui en accorde pas qui sont complétement inutiles à ses opérations, et qui ne peuvent être qu'onéreux au pays.

VI

DANS QUEL BUT LA SPÉCULATION FAIT DES DÉPOTS.

Il n'en est pas des fonds déposés au Crédit foncier, en grande partie par des spéculateurs, comme des fonds déposés à la Caisse d'épargne par les classes ouvrières, qui ne retirent leurs dépôts faits à cette caisse que lorsqu'elles y sont contraintes et forcées par le besoin, ce qui assure la disponibilité de la majeure partie de ce capital, qui peut recevoir alors un autre emploi utile, sans exposer le dépositaire à aucun danger.

Le spéculateur, au contraire, ne dépose ses fonds au Crédit foncier que lorsqu'il y est pour ainsi dire contraint et forcé par l'absence de toute spéculation, et à la première affaire qui se présente il peut vider en quelques jours la caisse du Crédit foncier, qui pourrait se trouver ainsi fort embarrassée, tout en ayant employé en opérations hypothécaires d'une durée variable de trente à quatre-vingt-dix jours, les fonds de ses déposants. Le Crédit foncier est donc obligé, ou du moins le Trésor y est obligé pour lui, de conserver continuellement disponible la majeure partie

du capital provenant de ses comptes courants,
pour pouvoir être à l'abri d'une avalanche de
remboursements, non-seulement possible, mais
probable dans un temps donné.

C'est précisément parce que la Banque de
France se trouve dans cette même position vis-à-
vis de ses comptes courants, et parce qu'elle est
obligée de conserver disponible la majeure partie
des sommes qui proviennent de cette source,
qu'elle ne leur tient compte d'aucun intérêt ; et
si les banques particulières peuvent accorder un
intérêt aux fonds qui leur sont ainsi déposés, c'est
uniquement parce qu'en employant ces sommes à
l'escompte des effets de commerce, elles sont
toujours en mesure de faire face à leur remboursement, en transférant ces effets, soit à des capitalistes, soit à la Banque de France au fur et à
mesure de leurs besoins.

Il résulte donc clairement de ce qui précède
que, sur les 252 millions de dépôts faits annuellement au Trésor par le Crédit foncier, si 50 millions y restent déposés en permanence, les 3 0/0
d'intérêt payés par le Trésor représentent une
somme de 1,500,000 francs, dont 250,000 fr. ou
demi pour cent sont distribués intégralement en
dividendes aux actionnaires du Crédit foncier,
et 1,250,000 fr. aux intéressants capitalistes spéculateurs qui, sans cette providence intermé-

diaire du Crédit foncier, auraient déposé leurs fonds à la Banque de France, qui ne leur aurait pas payé un sou d'intérêt, mais qui aurait utilisé tant soit peu leur capital au profit des intérêts publics, ce que le Crédit foncier et le Trésor ne peuvent faire.

Ainsi, les dépôts en compte courant institués au Crédit foncier ne sont ni utiles à ses opérations ni utiles à celles du Trésor; ils ne sont avantageux qu'aux spéculateurs et à ses actionnaires, et sont positivement contraires aux intérêts du public, qui paye seul l'intérêt de ces dépôts, et, en détournant ainsi les capitaux flottants des banques de dépôt et d'escompte qui, seules, peuvent les faire fructifier, on les enlève en définitive à la production des richesses.

S'il n'y a pas assez de banques de dépôt en France pour utiliser cette sorte de capitaux, — et il est certain qu'il n'y en a pas assez, — que le Gouvernement, ainsi que nous l'avons déjà dit, en autorise d'autres, mais que les institutions de crédit qui ont pour mission de faire participer la propriété et l'agriculture au crédit à long terme, laissent le capital flottant dont elles ne peuvent tirer aucun parti utile alimenter les banques de dépôt et d'escompte, qui, seules, peuvent donner à ce capital, qui doit rester constamment disponible, un emploi fructueux.

VII

LES LETTRES DE GAGE DU CRÉDIT FONCIER.

Le Crédit foncier de France, en émettant des obligations pouvant gagner des lots ou des primes de remboursement, était entré selon nous dans une voie financière déplorable, et nous verrions avec plaisir disparaître de ses statuts la faculté de pouvoir recourir encore à ce mode d'emprunt, dont il ne fait plus usage.

Les prêts faits en lettres de gage, à l'instar des associations hypothécaires allemandes, rapportent un intérêt fixe de 5 p. 0/0, ces lettres de gage sont escomptées par le Crédit foncier lui-même à l'emprunteur, lorsque celui-ci ne trouve pas à les négocier à la Bourse. C'est là une mesure excellente à tous les points de vue, et nous croyons que cette utile modification a été l'œuvre de l'administration de M. Fremy.

Si donc nous critiquons avec un peu de vivacité peut-être, mais avec justice néanmoins, certains vices d'organisation, dont la majeure partie remonte d'ailleurs à une époque antérieure à l'entrée de M. Fremy au Crédit foncier, notre impartialité nous fait un devoir de le féliciter de cette grande et utile réforme financière que nous pensons devoir à son initiative.

VIII

EXAGÉRATION DU FONDS SOCIAL EFFECTIF.

S'il est une institution financière dont le crédit puisse être facilement assuré par un simple capital de garantie, c'est assurément celle du Crédit foncier de France. Aussi quand on considère l'énorme capital effectif sous lequel cet établissement de crédit a été écrasé dès l'origine, on ne comprend guère l'idée que peuvent se faire du crédit certains hommes ˜d'Etat, ni comment ils entendent l'économie pratique des institutions financières.

Quel a été le but de la création du Crédit foncier? Procurer des prêts à la propriété au plus bas intérêt possible. Or, il est bien évident que si l'on commence par le grever de charges inutiles, il sera obligé de vendre au public son crédit d'autant plus cher et que le but qu'on se proposait d'atteindre sera en partie manqué.

D'un autre côté, quand le capitaliste souscrit des actions dans une entreprise quelconque, s'il consent à en courir les risques, c'est assurément pour en retirer un revenu supérieur à l'intérêt d'un simple placement de fonds, dès lors le capital social effectif sur lequel s'opère la répartition des dividendes constituera pour la Société une charge d'autant plus lourde que ce fonds sera plus considérable ; de là la nécessité pour elle de prélever sur ses clients, pour les services qu'elle leur rend, une rémunération d'autant plus forte que son fonds social effectif sera plus élevé. Cela est logique.

Quant à la garantie du public, est-elle plus complète lorsque le fonds social est entièrement réalisé que lorsqu'il n'est versé qu'en partie ? Certainement non !

Pourquoi a-t-on introduit dans toutes les sociétés l'usage statutaire des fonds de réserve, que tout le monde apprécie, comme une garantie supérieure à celle du fonds social lui-même ? et pourquoi, au lieu d'employer cette réserve comme fonds de roulement dans ces mêmes entreprises, l'en s'épare-t-on complétement, — excepté les compagnies de chemins de fer, — pour en faire un placement tout à fait à part ? Uniquement pour qu'elle ne courre pas les mêmes chances que le fonds social, et qu'elle ne soit pas exposée aux mêmes risques. Le public, — et il a raison, — considère donc la partie du capital d'une société placée en dehors de ses affaires comme offrant une garantie supérieure à celle qui sert à les alimenter, et la garantie d'un fonds social, dont une fraction seulement est engagée dans les opérations de la société, lui paraîtra par conséquent bien plus réelle, bien plus positive que celle d'un fonds social engagé en totalité dans ces mêmes opérations.

Le principe de la réalisation complète du fonds social en matière d'institution de crédit est donc un principe faux et anti-économique. Eh bien! à l'exception de la seule Société générale de crédit industriel et commercial, ce faux principe a été appliqué à toutes nos institutions privilégiées de crédit.

Nous entendons bien souvent des financiers et des économistes se plaindre de l'élévation du taux de l'intérêt des prêts faits par le Crédit foncier; ces mêmes plaintes se sont reproduites plusieurs fois déjà dans l'enceinte du Corps législatif, mais personne n'a jamais indiqué le remède. Il en est un cependant bien facile à trouver.

Les actionnaires du Crédit foncier lui ont versé 30 millions. A quoi ces 30 millions lui servent-ils? A rien; absolument à rien, qu'à aggraver ses charges annuelles de plus de 3 millions d'intérêt et de dividendes, dont il se décharge ensuite sur ses emprunteurs.

Mais en supposant qu'il ait besoin de ces 30 millions, pourquoi les emprunterait-il à 15 ou 20 0/0 à ses actionnaires quand il peut les emprunter à moins de 5 0/0 au public? Ce qu'il y a de vraiment étrange dans cette manière d'administrer généralement les sociétés privilégiées de crédit, c'est que c'est toujours quand elles arrivent à la période où, grâce aux développements de leurs affaires et de leur crédit, elles ont moins besoin des ressources de leur fonds social, qu'on augmente toujours les versements quand on n'augmente pas le fonds social lui-même. Ainsi c'est au moment où le Crédit foncier adoptait la sage mesure de faire ses prêts, non plus en espèces, mais en lettres de gage, ce qui, — bien qu'il lui arrive assez souvent de les escompter,— diminuait en définitive ses besoins d'espèces, c'est à ce moment, disons-nous, qu'il faisait verser 15 millions de plus à ses actionnaires.

Eh bien ! qu'on rembourse tout simplement aux actionnaires du Crédit foncier 25 millions sur les 30 qu'ils ont versés, la garantie de son fonds social n'en sera que plus complète pour le public, puisque, comme capital, elle restera la même, et qu'en outre elle courra moins de risques. Son crédit ne fera que s'améliorer, et il pourra réduire alors sa commission de 60 c. à 10 c., tout en donnant encore plus de 20 p. 0/0 à ses actionnaires sur le capital versé.

LE CRÉDIT AGRICOLE.

Errare humanum est.

I

Le Crédit agricole, plus jeune que le Crédit foncier, n'a pu encore obtenir les faveurs de l'histoire; mais qu'il vieillisse doucement sans se préoccuper le moindrement de sa renommée, un historiographe prédestiné veille sur lui, et il n'échappera pas au destin.

La Société du Crédit agricole a été fondée par la loi du 28 juillet 1860, qui lui garantit un intérêt de 4 0/0 sur le capital versé, jusqu'à concurrence d'une somme de 400,000 fr.

Elle a été placée sous le patronage du Crédit foncier de France, avec un fonds social et une administration complétement séparés; néanmoins, ces deux sociétés ont le même gouverneur et le même conseil d'administration.

II

POURQUOI LE CRÉDIT AGRICOLE N'EST-IL PAS UNE
SIMPLE DIVISION DU CRÉDIT FONCIER?

Dans son compte rendu, M. Fremy cite ces paroles de son prédécesseur pour justifier la séparation assez singulière de ces deux sociétés : « Ni
» les lois ni les règlements, dit-il, n'autorisent
» le Crédit foncier à tenir compte du crédit per-
» sonnel de l'agriculteur, ni à prêter à celui qui
» cultive et possède la terre contre son billet à
» trois ou à six mois, pour venir en aide à ses
» cultures, comme la Banque de France vient en
» aide au commerce et à l'industrie. »

Ces paroles de M. de Germiny pouvaient justifier complétement, à cette époque, l'abstention
par le Crédit foncier de faire, en dehors de ses
statuts, des prêts à l'agriculture, mais elles ne
justifient nullement aujourd'hui la séparation de
ces deux compagnies depuis que le Gouvernement a autorisé et même prescrit les prêts agricoles à long terme et remboursables par fractions comme ceux du Crédit foncier; nous ne
comprenons donc pas bien quel intérêt il pouvait

y avoir pour le public et pour le Gouvernement à créer une institution spéciale, au lieu d'autoriser tout simplement le Crédit foncier à faire des prêts à l'agriculture.

III

UNE HÉRÉSIE FINANCIÈRE.

Cette citation semble déceler en outre une hérésie économique et financière trop grave pour que nous puissions la laisser propager dans le public sans le prévenir de tout ce qu'elle contient d'erroné.

La Banque de France ne prête pas à l'industriel et au commerçant contre leurs billets à trois ou à six mois, pour venir en aide à leur industrie ou à leur commerce, et il n'est pas en France un seul banquier digne de ce titre qui consentirait jamais à faire des opérations semblables.

On n'escompte en banque que les billets qui sont le résultat d'une vente de produits, d'une opération commerciale réelle, et pour qu'il y ait opération commerciale réelle, il faut qu'en échange du billet reçu par le vendeur, il ait été remis par lui à l'acheteur une valeur équivalente à celle stipulée dans le billet qu'il a reçu de ce dernier; de telle sorte, que les banques n'escomptent pas les billets à ceux qui les ont souscrits, comme le dit M. le gouverneur, mais bien à ceux au profit desquels ils ont été souscrits, ce qui est tout différent.

Il faut donc, pour que le billet soit escomptable, qu'il représente une opération commerciale réelle, et pour qu'il représente réellement cette opération, il faut nécessairement qu'il soit revêtu de deux signatures, celle du souscripteur qui a acheté, et celle de l'endosseur qui a vendu.

Par conséquent le Crédit agricole, sous forme d'escompte, est tout à fait impraticable, il ne peut rendre aucun service à l'agriculteur, puisque ce dernier n'en a aucun besoin pour la vente de ses produits, qui se fait presque toujours au comptant, et que d'ailleurs, s'il a reçu un règlement pour cette vente, ce règlement peut être toujours facilement escompté par les banquiers de la localité, qu'ils soient ou non correspondants du Crédit agricole.

Le prêt à l'agriculteur, nous le répétons, est impraticable sous forme d'escompte, parce que ce dernier a besoin de crédit seulement pour cultiver ses terres et non pour vendre ses produits.

Or, si M. le gouverneur du Crédit agricole pense qu'en escomptant directement les billets souscrits par l'agriculteur il vient en aide à la culture, comme la Banque de France vient en aide à l'industrie et au commerce, il est dans la plus grave erreur, et il serait à craindre qu'il n'ait pas calculé, avant de se lancer dans cette voie anti-financière, toutes les conséquences dangereuses d'opérations ainsi faites.

Si les lois et les règlements n'autorisaient pas, au temps de M. de Germiny, le Crédit foncier à faire des prêts à l'agriculture, l'autorisaient-ils à tenir compte du crédit personnel des entrepreneurs de bâtiments et à prêter à celui qui fait des constructions contre son billet à trois ou à six mois pour venir en aide à l'industrie du constructeur, comme la Banque de France vient en aide aux autres industries et au commerce ? Certainement, non !

Néanmoins, on a bien su modifier ces lois et ces règlements pour ouvrir à deux battants, à la spéculation sur les terrains, la caisse du Crédit foncier, et nous ne voyons pas pourquoi les statuts de cette Société auraient empêché de faire pour les agriculteurs ce qu'ils n'ont pas empêché de faire pour les entrepreneurs.

Pourquoi cette préférence en faveur des entrepreneurs ? Ceux-ci n'avaient-ils pas, longtemps avant le Crédit foncier, dans une société annexée du Comptoir national, une caisse spéciale, qui tenait compte de leur crédit personnel aussi bien qu'en a tenu compte, plus tard, le Crédit foncier?

Les agriculteurs, au contraire, n'en ont jamais eu, — il est fort à craindre qu'ils n'en aient même pas encore, — et cependant, c'est aux entrepreneurs qui n'en avaient nul souci, que le Crédit foncier crut devoir venir en aide, comme le Crédit agricole vient, à son tour, en aide aux industries et au commerce qui se rattachent, non à l'agriculture, mais à la vente de ses produits, quand les banques d'escompte actuelles suffisent amplement à tous leurs besoins. O spéculation, voilà bien de tes coups! Affublée du manteau du Crédit foncier, des sabots et de la houlette du Crédit agricole, comme autrefois le loup devenu berger, la spéculation put mener paître ainsi son troupeau de capitalistes dans ce vaste et nouveau champ d'exploitation.

IV

EXISTE-T-IL RÉELLEMENT UN CRÉDIT AGRICOLE?

Sans doute, il y a aujourd'hui une institution de Crédit qui porte le nom de Crédit agricole; mais est-ce bien dans l'intérêt réel et positif de l'agriculture et des industries qui s'y rattachent, qu'est dirigée et administrée cette institution, comme le prescrivent ses statuts? N'est-ce pas plutôt à exploiter l'escompte en concurrence avec les banques commerciales, et à prélever sa part de bénéfices sur les opérations dont le commerce et la manufacture des produits du sol sont la source féconde, que le Crédit agricole consacre toutes ses ressources et tous ses efforts?

Si la nature des opérations qu'il traite n'indiquait clairement cette tendance, les propres déclarations de M. le gouverneur suffiraient à elles seules pour démontrer que telle est bien son intention formelle et le seul but de sa manière d'opérer.

Voici en effet comment il s'exprime dans son dernier compte rendu, que nous citons textuellement :

« Le terrain sur lequel la société est appelée à
» opérer, ce terrain dont l'article 2 de nos statuts
» délimite les frontières, — pourquoi M. le gou-
» verneur ne dit-il pas *illimite* les frontières,
» puisque c'est là sa pensée, — est d'une grande
» étendue. Vos fondateurs, en effet, n'ont pas eu
» la *prétention chimérique* de séparer absolu-
» ment l'agriculture de *toutes les autres indus-*
» *tries;* d'établir *entre elles et toutes les autres*
» *applications de l'activité humaine une ligne de*

» *démarcation inflexible et tranchée*, que l'es-
» prit peut concevoir en théorie, *mais qui n'existe*
» *pas dans la pratique.* » Or, que M. le gouverneur veuille bien nous permettre de le lui dire :
c'est le contraire qui est vrai, la ligne de démarcation n'est peut-être pas très clairement indiquée
par la théorie, mais elle est on ne peut plus clairement et on ne peut plus exactement tracée par
les statuts et par la pratique, car cette limite est
celle des industries *exclusivement pratiquées par*
l'agriculteur lui-même, et non par l'universalité
des commerçants et des industriels. Voilà ce que
tout le monde entend par cette phrase de l'art. 2.
l'agriculture et toutes les industries qui s'y ratta-
chent; et on ne peut l'interpréter autrement qu'en
ayant recours à un sophisme *de confusion*. Re-
prenons la citation : « La pensée contraire est
» du reste nettement formulée dans l'art. 2, qui
» vous confie *très expressément* la mission de
» procurer des crédits à l'agriculture et aux in-
» dustries qui s'y rattachent. »

Et c'est pour accomplir la mission qui lui a été
expressément confiée d'ouvrir des crédits à *l'a-*
griculture et aux industries qui s'y rattachent,
que le Crédit agricole lui a prêté, en 1861, 5 millions, et 85 millions au commerce de ses produits,
qui ne se rattache en aucune façon à l'opération
de la culture. Et voilà comment le Crédit agricole

vient en aide à l'agriculture, et lui procure des crédits.

Eh bien, nous mettons en fait que dans les 85,380,000 fr. d'opérations d'escompte faites par le Crédit agricole, il n'y en a peut-être pas une seule qui n'aurait été traitée par toutes les autres banques commerciales qui existent aujourd'hui, si le Crédit agricole ne leur avait pas enlevé ces opérations.

Or, nous le demandons sincèrement, est-ce pour faire les mêmes opérations que ces banques et pour leur faire concurrence que le Gouvernement a voulu fonder la société privilégiée du Crédit agricole? Est-ce pour favoriser le commerce, *ou pour faire participer l'agriculture aux institutions de crédit*, que l'Empereur a voulu l'établir?

Le Crédit agricole, dont nous venons d'étudier avec soin le compte rendu, s'éloigne, selon nous, complétement du but de son institution; car il n'a fait jusqu'à présent, à quelques millions près, que des opérations purement commerciales, et nous croyons être dans la vérité en disant qu'en agissant ainsi il n'a pas réalisé les espérances du public et s'est placé complétement en dehors de la pensée qui avait présidé à sa fondation.

La pensée qui a présidé à la fondation du Crédit agricole est celle-ci : « Il faut faire participer l'agriculture aux institutions de crédit. » (*Lettre de l'Empereur, du 5 janvier* 1860.)

L'objet de la société a été, par conséquent, de procurer des capitaux ou des crédits à l'agriculture d'abord, et accessoirement aux industries qui s'y rattachent. (Art. 2 des statuts.)

Le Gouvernement aurait certainement donné à la Société la dénomination de Crédit industriel ou commercial, s'il avait entendu que les prêts à l'agriculture ne devaient pas être le but sinon unique au moins principal du Crédit agricole.

En effet, quelles sont les industries qui se rattachent à l'agriculture? Absolument toutes si l'on interprète l'art. 2 comme M. le gouverneur; car l'industrie n'a et ne peut avoir pour objet que la manutention ou la manufacture des produits bruts, qui tous, à l'exception des minéraux, sont des produits agricoles. Or, comme les banques escomptent déjà tout billet résultant de la vente des produits agricoles ou industriels sans exception, il n'était nullement besoin d'un établissement spécial et privilégié pour faire l'escompte de ces billets, et il n'est certainement pas entré dans les intentions de l'Empereur ni dans la pensée de son Gouvernement de fonder une société de Crédit agricole pour faire du crédit industriel ou commercial, de créer, en définitive, une véritable superfétation dans le rouage économique et financier de l'industrie et du commerce actuels.

V

FAUSSE INTERPRÉTATION ET FAUSSE APPLICATION DES STATUTS, CONTRAIRES AUX INTÉRÊTS DE L'AGRICULTURE.

Le Gouvernement, en créant le Crédit agricole, n'avait évidemment qu'un seul but, celui de procurer aux seules *opérations* de la culture ou des quelques industries *exercées par l'agriculteur*, mais non par l'universalité des industriels et des commerçants, les capitaux et le crédit que le cultivateur ne peut trouver, pour ces opérations particulières, dans aucune autre institution financière; et c'est parce que cette opération, toute nouvelle et encore inexpérimentée, ne pouvait présenter à son début aucune des sécurités ni aucune des chances de bénéfice qui sont attachées, dès l'origine, à l'opération si connue de l'escompte des effets de commerce, que l'Etat garantissait, pendant les cinq premières années, aux actionnaires, 4 p. 0/0 d'intérêt, et consentait à accepter, au crédit du compte de la société avec lui, les pertes possibles faites par elle, en intérêt et en capital, sur ses prêts et avances.

VI

L'ESCOMPTE EST UNE OPÉRATION DE CRÉDIT COMMERCIAL ET NON DE CRÉDIT AGRICOLE.

Peut-on supposer que les hommes du Gouvernement soient assez étrangers aux affaires, aux opérations de banque et de commerce pour croire que, avec tous les priviléges accordés au Crédit agricole, l'escompte du papier de commerce portant deux signatures, et qui est une source abondante de bénéfices pour tous ceux qui l'exploitent, pourrait être pour cette société une source de pertes?

Peut-on supposer que le Gouvernement soit assez ignorant des besoins des agriculteurs pour croire que le moment où leurs produits sont récoltés, emmagasinés et réalisables contre espèces, soit précisément celui où ils ont le plus besoin de crédit? Mais le Gouvernement sait bien que c'est à partir de l'époque des semailles jusqu'à celle de la récolte, — période de dépenses constantes et de recettes presque nulles, — que les cultivateurs ont besoin, non d'escompte, mais d'avances, qu'ils pourront rembourser ensuite avec les produits de leur prochaine moisson ; et ce ne peut être que pour mettre le crédit à la portée des agriculteurs, pendant cette période toujours difficile à traverser, que le Gouvernement a voulu instituer une caisse spéciale de Crédit agricole qui puisse leur faire précisément les prêts à longs termes, que les autres banques ne font pas.

Le Gouvernement sait bien que, sur tous les marchés de céréales et de bestiaux, sauf de bien rares exceptions, les ventes se font toutes au comptant ; que les meuniers, les marchands de grains et de bétail ne règlent pas en billets, mais soldent en espèces leurs achats aux agriculteurs ; et que, lors même que ces achats seraient réglés en effets de commerce, — car ces billets-là sont des effets de commerce si jamais il en fut, — il n'est pas de ville dans laquelle le Crédit agricole puisse avoir un correspondant où ces effets ne puissent être négociés, puisque le Crédit agricole ne peut avoir de correspondants banquiers que dans les villes où il y en a, et que ces derniers ne s'y sont établis évidemment que pour faire l'escompte bien longtemps avant qu'il ne fût question du Crédit agricole. Si c'est au contraire l'agriculteur qui règle en billets aux négociants ses achats d'ustensiles, fournitures, etc., ses effets de commerce étant essentiellement négociables, ils trouveront aussi, auprès des banquiers de la localité, autant de facilités d'escompte que lorsque ces derniers seront devenus correspondants du Crédit agricole, et, dans ce second cas, l'intervention de ce Crédit est encore complétement inutile.

Restent donc les billets renouvelables souscrits directement par les agriculteurs, à l'ordre des correspondants du Crédit agricole, et qui expriment positivement le seul mode de crédit dont les premiers ont besoin. Ah! pour ceux-là, ils ont une utilité réelle, car, sans le Crédit agricole, ces banquiers ne les escompteraient certainement pas. Mais nous aimerions à savoir combien il existe de billets de cette nature dans le portefeuille du Crédit agricole.

VII

QUELLES SERONT POUR LES CULTIVATEURS LES CONSÉQUENCES DE L'ESCOMPTE FAIT PAR LE CRÉDIT AGRICOLE ?

Ce qui nous paraît devoir résulter infailliblement de cette intervention du Crédit agricole dans l'escompte des effets de commerce, ce n'est pas seulement de les détourner de la filière par laquelle ils passent habituellement, et de jeter ainsi sans aucune utilité le trouble dans les relations commerciales établies aujourd'hui, mais c'est de provoquer les commerçants à profiter de cette intervention pour ne plus solder leurs achats de produits agricoles en espèces, et bénéficier ainsi de la différence d'intérêt sur les effets qu'ils remettront en payement, et dont les frais d'escompte retomberont tout naturellement alors à la charge des agriculteurs.

Voilà à quoi se réduiront très probablement les services que rendra à l'agriculture le Crédit agricole, s'il continue à escompter les effets de commerce sous prétexte que ces effets émanent d'industries qui se rattachent à l'agriculture.

VIII

LA VENTE DES PRODUITS AGRICOLES EST UNE OPÉRATION DE COMMERCE ET NON UNE OPÉRATION D'AGRICULTURE OU D'INDUSTRIE.

Pour le Crédit agricole, le *commerce* en détail des viandes de boucherie et celui des denrées alimentaires sont des *industries* qui se rattachent à l'agriculture. Voici comment M. le gouverneur nous l'explique :

« L'escompte des valeurs souscrites par la
» boucherie sur les marchés de Sceaux et de
» Poissy se concentre dans la caisse du Crédit
» agricole *presque tout entier*. Les transactions de
» toute nature qui s'opèrent dans les pavillons des
» Halles centrales ont aussi amené l'intervention
» de la Compagnie, et *elle a eu la satisfaction* de
» contribuer à abaisser l'intérêt élevé auquel ont
» été soumises de tout temps *les petites industries*
» *de la vente en détail* des denrées alimentaires. »

Ainsi il n'y a qu'en théorie que des *esprits méticuleux* peuvent avoir la prétention *chimérique* d'établir *une ligne de démarcation* tranchée entre l'agriculture et le commerce en détail de la viande de boucherie et des denrées alimentaires. D'après le Crédit agricole, cette ligne n'existe pas dans la pratique. Pour lui, agriculture et vente en détail des viandes et de toute autre denrée, c'est une seule et même chose; par conséquent, escompter les effets du commerce en détail des viandes et des denrées alimentaires, c'est faire du crédit à l'agriculture, conformément aux prescriptions de ses statuts.

IX

ESCOMPTE A LA BOUCHERIE.

Puisque l'escompte du papier de la boucherie
de Paris — car c'est elle qui absorbe tout le bétail vendu sur les marchés de Sceaux et de Poissy
— se concentre presque tout entier dans la Caisse
du Crédit agricole, il n'était pas indifférent de rechercher quel avantage ont pu retirer les éleveurs
de bétail, qui sont bien certainement des agriculteurs, de l'escompte fait aux bouchers de Paris, et
nous nous sommes adressé aux facteurs de bestiaux, qui président à toutes les transactions faites
sur ces marchés, pour avoir sur ce point des renseignements positifs.

« D'abord, nous a-t-on dit, toutes les ventes
» de bétail se font, sur ces deux marchés, *au*
» *comptant*, et elles se soldent d'un marché à
» l'autre. Jamais il n'est donné en payement un
» seul billet aux éleveurs ou aux marchands qui
» amènent leurs bestiaux sur le marché ; il se fait,
» il est vrai, en dehors de nous et du marché, un
» commerce clandestin par des bouchers sans
» étal, dits chevillards, qui font abattre pour leur

» compte, et revendent, en quelque sorte, en de-
» mi-gros, la viande aux bouchers détaillants
» qui, n'ayant pas un capital suffisant pour l'a-
» cheter sur pied et la débiter eux-mêmes, s'ap-
» provisionnent de seconde main, ce qui limite
» leur mise de fonds à la somme suffisante pour
» leur approvisionnement de chaque jour. Ces
» intermédiaires sont *la plaie du commerce de la*
» *boucherie;* ils prélèvent naturellement un bé-
» néfice sur les bouchers qu'ils fournissent, et ces
» derniers ne peuvent compenser cette perte
» qu'en vendant à leurs clients soit de la viande
» de deuxième qualité pour de la viande de pre-
» mière, ou de la viande de troisième qualité pour
» de la deuxième, soit en trompant sur le poids.

» Nous savons que les chevillards ouvrent à
» ces bouchers un crédit en compte courant;
» nous n'avons jamais entendu dire que le règle-
» ment de ces comptes se fît en billets, et si ce
» fait existe, *il doit être nouveau,* car nous en en-
» tendons parler pour la première fois. » Est-ce
que ce serait par hasard le Crédit agricole qui
aurait créé ce fait nouveau ?

Il résulte de ces explications que, l'éleveur de
bétail ne recevant pas de billets des bouchers qui
s'approvisionnent sur les marchés de Sceaux et
de Poissy, ce n'est pas lui qui escompte au Crédit
agricole; que, le boucher ne recevant pas non

plus de sa clientèle de règlements en billets, ce n'est pas lui non plus qui remet des billets à l'escompte. Il n'y a donc que les intermédiaires entre les éleveurs et certains bouchers — ces intermédiaires qui sont la plaie du commerce de la boucherie — qui puissent recevoir de ces derniers des effets et les escompter au Crédit agricole.

En supposant que la diminution que le Crédit agricole a eu la satisfaction de procurer à ces intermédiaires, sur l'intérêt élevé auquel ils étaient soumis de tout temps, soit de deux pour cent, l'éducation du bétail, à laquelle se rattache nécessairement l'*industrie* de ce commerce, aurait dû profiter de cette diminution si les prétentions du Crédit agricole ne sont pas plus chimériques encore que celles de ceux qui voudraient établir une ligne de démarcation absolue entre le commerce et l'agriculture.

Eh bien ! si nous sommes exactement renseignés — et nous croyons l'être — depuis décembre jusqu'en mai, époque à laquelle s'arrêtent les documents qu'on nous a remis, la viande sur pied a diminué, sur les marchés de Sceaux et de Poissy, de 20 centimes par kilog. Les intermédiaires ont bénéficié, par conséquent, en sus de ces 20 centimes par kilogramme, de 2 0/0 sur le montant des sommes qu'ils ont escomptées au Crédit agricole, et cependant le prix de la viande

est resté le même dans Paris, où la consommation
a diminué d'un huitième depuis la même époque,
malgré cette baisse de prix, tandis que, pendant
ce même laps de temps, les éleveurs perdaient
20 centimes par kilogramme de viande sur pied.
Et voilà comment l'escompte des billets de ces
petites industries, qui se rattachent à l'agriculture, selon le Crédit agricole, vient en aide aux
cultivateurs et profite aux consommateurs.

Or si, en escomptant le papier du *commerce* de
la boucherie, le Crédit agricole a produit un résultat aussi peu favorable à cette branche de la
production et de la consommation nationale, ob-
tiendra-t-il des résultats plus heureux pour toutes
les autres branches, en opérant exactement de la
même façon? Que les administrateurs et les actionnaires du Crédit agricole se complaisent à le
croire, nous le comprenons sans peine; mais
pour le public, producteur et consommateur, qui
ne touche point de dividende en compensation
des bas prix qu'il reçoit d'un côté et des hauts
prix qu'il paye de l'autre, il est plus incrédule,
et il espère que le Gouvernement voudra bien
prendre son incrédulité en sérieuse considération.

X

DES BONS AGRICOLES.

Le compte rendu de M. le gouverneur explique ainsi l'emploi des capitaux provenant de l'émission des *bons agricoles :*

« Les bons agricoles sont appliqués à des ou-
» vertures de crédit, de trois mois à *trois ans,*
» sur hypothèque ou sur nantissement.

» Par surcroît de précaution, et pour prévenir
» *jusqu'à l'immobilisation temporaire,* même des
» capitaux dont elle est propriétaire ou qui lui
» sont confiés pour plusieurs années, la Compa-
» gnie impose à ses crédités l'obligation de *sous-*
» *crire des effets à 90 jours, renouvelables jusqu'à*
» *l'expiration du crédit.*

» Au moyen de ces sages combinaisons, la Com-
» pagnie maintient un *parfait équilibre* entre ses
» créances et ses dettes, *elle peut toujours con-*
» *vertir ses dettes en argent.* »

Cette sage combinaison, qui semble venir en ligne directe du Crédit mobilier, nous paraît, à nous, pleine de dangers et contraire aux vrais

principes en matière de banque, de crédit et de
circulation.

D'abord, est-il possible de faire circuler, c'est-
à-dire d'employer à l'échange des valeurs, un capital ou le signe représentatif d'un capital immobilisé, et qui, en perdant sa disponibilité, a perdu, par
conséquent, sa qualité d'instrument d'échange?

Si l'on ne peut employer à l'échange des valeurs
ni une maison, ni une usine, ni une propriété,
parce que ces valeurs spéciales ne peuvent convenir qu'à des besoins momentanés et très res-
treints, peut-on donner au signe qui représente
ces valeurs une vertu qu'elles ne possèdent pas
elles-mêmes, celle de convenir en tout temps à
toute espèce de besoins, afin qu'elles puissent
servir d'instruments d'échange?

Or, si l'on peut appliquer sans danger l'escompte aux effets de commerce qui contiennent
l'engagement du souscripteur de les acquitter au
bout de trois mois, parce qu'il est reconnu que
ce délai suffit pour la réalisation des marchandises
dont le billet indique la vente, peut-on escompter
avec la même sécurité le billet qui contient aussi
l'engagement, mais fictif cette fois, d'être remboursé dans un délai de trois mois, lorsque le
souscripteur n'est engagé, vis-à-vis de son cessionnaire, qu'à le rembourser au bout de trois
années?

Si ce billet ne porte pas la mention que l'endosseur seul est engagé à le rembourser dans trois mois, et que le souscripteur ne doit le payer qu'en trois ans, on trompera les tiers, on faussera la situation financière à l'insu de tous, on aura en un mot une circulation factice hors de proportion avec les ressources réelles de remboursement existantes, et il arrivera nécessairement un moment où les ressources manquant pour faire face aux exigences pécuniaires de cette circulation artificielle, il surviendra un arrêt dans les opérations de crédit, une suspension des transactions qu'il alimente, et par conséquent une crise financière. Il n'y aurait jamais de crise, s'il n'y avait en circulation que des valeurs réelles; ces crises ne peuvent provenir que d'une circulation factice, quand elles ne sont pas provoquées par une disette de produits.

D'un autre côté, le crédité pour trois ans au Crédit agricole, et qui lui souscrit des billets à trois mois, renouvelables de trimestre en trimestre, est-il réellement crédité pour trois ans ou seulement pour trois mois, suivant les convenances et la volonté du créditeur, ainsi que cela se fait exceptionnellement en banque?

Ce point fort important, laissé complétement dans le vague par le compte rendu, aurait bien besoin, comme on le voit, d'être éclairci.

Si le Crédit agricole s'engage à ouvrir un crédit pendant trois ans sur nantissement d'une valeur quelconque, à quoi peuvent lui servir les billets souscrits à son ordre par l'emprunteur avant le terme des trois derniers mois ? Il ne peut pas les mettre en circulation, puisque ces billets, ne devant pas être payés à l'échéance par le souscripteur, ne seraient, en réalité, que des billets de complaisance. Ils ne peuvent être admis en banque, puisqu'ils n'ont pas de valeur réelle dans ce délai de trois mois, le débiteur ne devant rien tant que les trois ans que doit durer son crédit ne sont pas écoulés (1). Enfin, le Crédit agricole tromperait le cessionnaire en lui remettant un effet portant deux signatures dont celle de l'endosseur serait seule valable. Mais ce n'est pas tout ; il disposerait encore, par ce moyen, du gage qui lui a été donné en garantie et dont la loi refuse la libre disposition au créancier sans un jugement préalable.

Si, cependant, ces billets ainsi souscrits devaient être considérés comme un acquiescement du déposant à laisser au dépositaire la libre dis-

---

(1) L'article 5 des statuts de la Banque de France dit : « La Banque refusera d'escompter les effets *dits de circulation*, créés collusoirement entre les signataires sans cause ni valeur réelle.» Par conséquent, la Banque de France ne peut accepter à l'escompte les effets du Crédit agricole, souscrits pour trois mois, et qui ne sont payables que dans trois ans.

position du gage, il en résulterait alors que le prêt de trois ans ne serait plus qu'un leurre pour l'agriculteur à qui le Crédit agricole ne prêterait plus, par le fait, que pour trois mois.

XI

CONCLUSION.

Concluons de cela que le crédit sous forme d'escompte ne peut convenir en aucune façon à l'agriculture ; que, par conséquent, il doit être éliminé des opérations du Crédit agricole, d'autant plus que toutes les banques actuelles d'escompte suffisent, comme nous l'avons déjà dit, à tous les besoins du commerce, et qu'il est parfaitement inutile d'accorder à un établissement financier de ce genre aucun privilége. La seule liberté doit lui suffire, comme à tous les autres.

Maintenant, le Crédit agricole peut-il, à lui seul, offrir assez d'aliments pour une institution, une société spéciale ? Nous ne le pensons pas. Nous croyons même que, pendant longtemps, les bénéfices de ce genre de prêts ne pourraient rémunérer convenablement un capital de garantie qui devrait avoir nécessairement une certaine importance au début.

Il n'y a qu'un parti sage et économique à prendre, selon nous, et qui, en limitant au minimum possible les charges de cette branche de crédit, allégerait le plus possible les conditions du prêt ; ce serait de réunir le Crédit agricole au Crédit foncier, où il formerait une division séparée et spéciale.

Si l'on a pu modifier les statuts et le décret d'organisation du Crédit foncier pour pouvoir y incorporer la Caisse des entrepreneurs, il est tout aussi facile de les modifier encore pour y incorporer le Crédit agricole. Et comme les autres opérations du Crédit foncier sont assez productives pour offrir une ample compensation au bénéfice plus restreint de celles du Crédit agricole, cela dispenserait le Gouvernement d'intervenir directement comme garantie d'intérêt ou de capital, pour faire entrer dans nos mœurs financières cette spécialité de crédit. Alors, il pourrait encourager, dans les départements et dans les arrondissements, la création de sociétés qui prêteraient directement aux agriculteurs et sous leur responsabilité. Ces sociétés emprunteraient à leur tour, soit à des tiers, soit au Crédit foncier, les sommes nécessaires à ces prêts agricoles.

Nous ne croyons pas que ce genre de prêt soit

pratiquement possible avec le système actuel, et que l'agriculture puisse jamais profiter du crédit ainsi pratiqué, comme peuvent en profiter toutes les autres branches de l'industrie et du commerce.

Disons encore que le Gouvernement doit exiger que la réserve du Crédit foncier soit employée au rachat de ses actions. Déjà l'intérêt actionnaire a acquis, dans cette Société, une importance telle que l'intérêt public y est complétement effacé, et il serait temps de se rappeler que ce n'est pas pour favoriser des intérêts actionnaires que le Gouvernement concède des priviléges, mais bien pour favoriser ceux de la nation tout entière, qui, sans cela, supporterait à elle seule les charges de ces institutions privilégiées dont les actionnaires auraient tous les profits.

XII

BUT DE NOTRE CRITIQUE.

Répétons, en terminant cette étude, que si nous avons critiqué avec franchise, mais aussi avec sincérité, ces deux établissements financiers, c'est uniquement par dévouement aux intérêts généraux du pays, auxquels ils pourraient rendre, si on voulait s'en occuper sérieusement, de si grands services ; c'est aussi parce que nous désirons voir modifier, en ce qu'elle nous paraît avoir de défectueux, l'organisation de ces établissements, qui peuvent être si utiles. Mais cette critique n'attaque nullement des droits acquis, que nous savons respecter, et ne s'adresse point à la personne des fondateurs et des administrateurs, dont les intentions ne peuvent être ni suspectées ni incriminées par nous.

La spéculation est une maladie de l'époque, aussi contagieuse que la peste, mais ceux qui la communiquent à d'autres peuvent-ils être plus responsables de cette contagion que ne le seraient des pestiférés ? Non certes ! Attaquons donc la maladie et gardons-nous bien de nous en prendre aux malades. Avant de se déchaîner contre notre critique, que MM. les administrateurs des Crédits foncier et agricole veuillent bien faire cette simple réflexion. Avons-nous un intérêt personnel à critiquer leur mode d'opérations ?... D'autres n'en ont-ils pas à les louanger ?... Qu'ils ne s'irritent donc pas inconsidérément contre ce livre ; on gagne toujours plus à prêter quelque peu l'oreille aux avis d'un critique désintéressé qu'à se laisser chloroformer par les banales adulations d'un historiographe.

TROISIÈME PARTIE

SOCIÉTÉ GÉNÉRALE DE CRÉDIT MOBILIER.

Speculatores serviles fortuna juvat.

I

La Société générale de Crédit mobilier a été instituée par décret du 18 novembre 1852.

En demandant ici franchement et sans détour la suppression de son privilége, et non la suppression de la société, qui a droit à la liberté comme toute autre entreprise de spéculation, nous n'obéissons qu'à la conviction profonde d'un homme sincèrement dévoué aux intérêts de son pays. Qu'on nous démontre que ce privilége est utile à ces intérêts, et nous serons les premiers à demander son maintien et à désavouer la critique que nous allons faire de cette institution financière.

Les meilleures intentions du monde peuvent avoir présidé à la fondation du Crédit mobilier : nous sommes même convaincu qu'il en a été ainsi, mais, il faut bien le reconnaître, le fait n'a point répondu à ces bonnes intentions. Tel qu'il est institué, cet établissement nous paraît être, sous le rapport pratique, une des erreurs économiques et financières les plus dangereuses de notre époque. Tout en considérant donc comme un devoir de signaler au Gouvernement et au public les conséquences déplorables de cette erreur, nous n'aurons point recours à la passion avec laquelle on peut persuader, mais bien aux simples vérités économiques avec lesquelles on fait la lumière.

II

LA SPÉCULATION.

La spéculation, on ne saurait le répéter trop souvent, est la grande plaie de notre temps; c'est à elle qu'il faut attribuer nos crises financières et commerciales, ainsi que la défiance qui paralyse aujourd'hui la plupart de nos entreprises industrielles.

La spéculation est la cause principale du ralentissement de la production, par rapport aux besoins croissants de la consommation, et par conséquent du renchérissement de tous les produits consommables.

Pour rendre facilement appréciable la valeur économique de la spéculation, au point de vue de la production et de la circulation des richesses, traçons en quelques mots les limites dans lesquelles elle peut être utile et légitime, mais en dehors desquelles elle devient antiéconomique et subversive.

III

EN QUOI LA SPÉCULATION EST UTILE.

La spéculation est d'une utilité réelle, bien que spéciale, dans les transactions commerciales et financières, et si elle a de graves inconvénients par l'abus qu'on peut en faire, elle a aussi des avantages qu'il faut savoir apprécier.

Qu'il soit donc bien entendu que ce n'est pas la spéculation proprement dite, mais les abus inouïs qu'on en fait tous les jours. que nous allons attaquer ici sans passion, mais sans faiblesse.

En économie financière, placer sûrement et fructueusement ne suffit pas complétement au capitaliste ; il faut encore qu'il ait l'assurance de pouvoir réaliser facilement son capital placé, du moment où cette réalisation pourrait devenir nécessaire.

Cet avantage est si bien apprécié par le capitaliste, qu'il sacrifiera toujours volontiers une partie de son revenu pour s'assurer, en cas de besoin, une prompte réalisation de ses titres, et c'est pour cela que toutes les valeurs facilement réalisables sont toujours celles dont le revenu est le plus limité.

On ne peut vendre ou acheter facilement les effets publics et les marchandises sans avoir des marchés qui en soient toujours abondamment pourvus, et qui soient régulièrement fréquentés par un certain nombre d'acheteurs et de vendeurs, de manière à ce que l'offre et la demande de ces effets ou de ces marchandises soient permanentes, en un mot, qu'elles aient constamment un cours.

Si le marché des effets publics, par exemple, n'était alimenté que par certains capitalistes et seulement dans le cas exceptionnel où ils ont besoin de vendre ou d'acheter, à moins que des besoins contraires aux leurs ne se produisent au même moment et ne fassent rencontrer à point nommé ceux qui veulent acheter avec ceux qui veulent vendre, il y a cent à parier contre un qu'il se passerait un assez long temps avant qu'ils aient trouvé l'occasion de faire une seule opération.

Disons de suite que s'il en était ainsi, il n'y aurait pas de marché, et, partant, pas de réalisation immédiate possible des valeurs publiques.

Il faut donc que les marchés des effets publics et des marchandises soient fréquentés par des spéculateurs nombreux, toujours prêts à acheter à un prix donné les valeurs que l'on offre, et toujours prêts à céder à un autre prix donné les valeurs qu'on demande du moment où il y a pour eux bénéfice sur l'opération.

Eh bien ! le bénéfice prélevé par la spéculation en cette circonstance est d'autant plus légitime que, pour le capitaliste qui profite de la facilité de réalisation que la spéculation lui assure, ce n'est que la juste rémunération du service qu'elle lui a rendu.

On comprend que pour retirer du marché des effets publics ces avantages peu compris, paraît-il, du Gouvernement, mais immenses néanmoins pour le crédit en général, dont le développement est nécessairement en rapport avec la facilité des transactions commerciales et financières, il est indispensable que ce marché jouisse de la liberté la plus étendue ; toute restriction de cette li-

berté par mesure de police ou par mesure fis-
cale, par intervention du Gouvernement ou par
manœuvres de spéculateurs omnipotents, ne peut
que fausser le véritable état du crédit public, et
c'est contre ces falsifications de l'état vrai du crédit
que nous ne nous lasserons jamais de protester.

Lorsque la spéculation a encore pour but d'exploiter elle-même un produit nouveau ou d'améliorer un produit précédemment exploité; de créer
une force productive nouvelle ou de perfectionner
celles existantes; lorsqu'elle ne recherche, en un
mot, qu'à tirer profit d'un service réel rendu par
elle au public, il est très naturel et très juste
que, dans ce cas, utile et productive, la spéculation ait encore sa part dans l'augmentation de
richesse ou de bien-être dont elle fait jouir la
société.

IV

COMMENT LA SPÉCULATION DEVIENT ANTIÉCONOMIQUE ET SUBVERSIVE.

Mais lorsque la spéculation s'accroche aux entreprises et aux valeurs industrielles, comme le
gui s'attache à l'arbre; lorsqu'elle augmente seulement le prix de ces valeurs sans rien ajouter

à leur produit; lorsqu'elle enlève ainsi le capital à la production des richesses pour l'employer à la plus-value factice qu'elle donne aux effets publics; lorsque, au lieu d'étudier sérieusement e de combiner utilement les moyens d'exploitation des entreprises, de manière à leur donner des bases solides, des éléments certains de succès qui permettent d'en faire l'objet de placements sérieux et durables, la spéculation ne cherche au contraire qu'à présenter aux capitaux l'appât d'une plus-value prématurée, qu'ils ne peuvent légitimement espérer que de l'accroissement des produits de ces entreprises, la réalisation de cette plus-value fictive devient alors l'unique préoccupation du capitaliste: il ne sera plus dans l'industrie un associé utile et sérieux, mais seulement un actionnaire d'occasion et de passage, toujours pressé d'abandonner l'affaire dans laquelle il a placé ses fonds pour réaliser la plus-value passagère de ses titres.

Il n'aura plus qu'une seule et unique pensée, un seul désir, c'est de trouver une autre opération qui puisse lui procurer une nouvelle prime à recueillir.

Le besoin de spéculer deviendra alors pour lui tellement impérieux, qu'il préférera laisser son capital indéfiniment improductif dans les caisses publiques plutôt que de le placer fructueusement dans les affaires, dans la crainte de ne pas l'avoir instantanément disponible s'il venait à se présenter une occasion favorable de faire une spéculation nouvelle.

Voilà dans quelle situation morale et économique la spéculation a jeté la société actuelle; voilà pourquoi toutes nos caisses de dépôt sont encombrées de capitaux improductifs — ce qui fait que certains magots de la finance croient à une exubérance de richesse — quand toutes les entreprises agricoles, industrielles, et le Gouvernement lui-même, manquent de capitaux. Voilà pourquoi l'intérêt des fonds oisifs, déposés en compte courant dans les banques, tendent à baisser, quand au contraire celui des capitaux à placer dans les affaires sérieuses augmente sans cesse. Voilà pourquoi une institution de véritable Crédit mobilier, comme celle dont nous allons donner le plan à la fin de ce livre, est indispensable pour ramener ces capitaux à la production et pour les faire concourir, à l'aide des banques de dépôt, au développement de la richesse nationale, en leur faisant prendre dans la circulation la place de ceux qui, n'ayant pas besoin de rester constamment disponibles, peuvent être employés beaucoup plus utilement dans l'industrie.

C'est ainsi que la totalité des fonds qu'emploie la spéculation à provoquer incessamment le flux et le reflux de la plus-value des valeurs publiques reste improductive. C'est ainsi qu'en opérant sans cesse ce flux et ce reflux, elle prépare continuellement de nouvelles crises économiques et financières, tandis que, si elle n'était préoccupée, comme cela devrait être, que de l'accroissement et de la consolidation du revenu de ces valeurs, elle donnerait à tous les placements de fonds cette stabilité qui, seule, peut nous mettre à l'abri des crises qu'on provoque nécessairement en ne spéculant que sur la plus-value factice des valeurs, sans s'inquiéter de leur revenu. Mais que deviendrait la spéculation subversive avec cette stabilité des valeurs, puisque c'est dans leur seule instabilité qu'elle peut trouver des éléments de fortune?

——

Lors donc que les spéculateurs protégés par l'anonymat peuvent faire tout cela sans que leur responsabilité puisse être aucunement engagée ni vis-à-vis des tiers, ni vis-à-vis de leurs associés, quel bien peut-on attendre vraiment de leur intervention dans le crédit, dans le commerce et dans l'industrie? La spéculation devient alors, on le comprend, antiéconomique et subversive;

c'est une véritable plaie sociale, et on peut s'expliquer tout le mal qu'elle peut faire et tout le mal qu'elle a fait depuis dix ans (1).

Est-ce à dire que nous voudrions voir prendre contre la spéculation des mesures coercitives ? Loin de nous une pareille pensée : qu'on la laisse jouir de toute sa liberté, mais qu'on ne lui donne pas de priviléges, des lettres de marque, comme disait au Sénat M. le procureur général Dupin, pour courir sus à la fortune publique.

S'il nous était permis de donner un avertissement au pouvoir, que nous respectons, nous lui crierions de se tenir un peu plus sur ses gardes qu'il ne l'a fait jusqu'à présent. Cette spéculation, qu'il voit si rampante à ses pieds, n'est en réalité qu'un ver rongeur qui mine sourdement les assises de l'ordre social.

(1) Il n'existe pas en Europe une seule Bourse où l'on voie se produire des scandales pareils à ceux qui se renouvellent presque périodiquement à celle de Paris.

Combien il est triste pour le pays qu'à l'aide de manœuvres comme celles qui ont lieu encore au moment où ce livre est sous presse, on puisse provoquer une hausse intempestive qui, pour enrichir quelques spéculateurs, pourra entraîner la gêne, sinon la ruine d'un nombre indéfini d'honnêtes familles! Cette hausse artificielle durera-t-elle seulement huit jours?

V

LA SPÉCULATION ET LES CHEMINS DE FER.

Quel a été, par exemple, le résultat produit par la spéculation dans les entreprises de chemins de fer? Elle a fait payer au public, dix ans avant que les recettes des compagnies ne couvrissent seulement leurs frais d'exploitation, 3 milliards 600 millions le total de leurs actions, dont la valeur nominale ne s'élevait qu'à 1,300 millions, et pas une de ces compagnies, à l'époque où leur capital était vendu au public avec une prime de plus de 2 milliards, n'avait encore exécuté le quart du tracé qui lui avait été concédé, et n'était en état d'exécuter les trois autres quarts.

Il est dans la croyance publique aujourd'hui que c'est à la spéculation seule qu'on doit l'exécution de notre réseau de chemins de fer. Quelle étrange et funeste erreur!

En admettant que la spéculation ait formé à elle seule les compagnies de chemins de fer, ce qui n'est pas, quel capital représentent leurs actions dans les 6 milliards qui ont été dépensés jusqu'à présent pour le réseau? 1,300 millions!

Tout le reste a été fourni par le Gouvernement
en travaux, en subventions, en garantie d'intérêt
et de capital, etc... Quelle somme aurait jamais
prêtée aux compagnies la spéculation elle-même
sans la garantie de l'Etat !

Ainsi, avant même qu'il eût été dépensé 500
millions en travaux de chemins de fer, les spéculateurs avaient déjà détourné plus de 2 milliards
du travail productif pour les engouffrer dans la
plus-value, alors complétement imaginaire, de ces
actions ; plus-value qui n'est pas encore justifiée
par le revenu actuel des compagnies, et qui ne
le sera peut-être pas d'ici à vingt ans. Et quand
le Gouvernement est intervenu, à quatre reprises
différentes, pour faire rentrer dans l'exploitation
des voies ferrées ces deux milliards que la spéculation en avait détourné, en attirant ce capital
dans la plus-value factice des actions, ce fut encore pour elle l'occasion de redonner à ces mêmes
actions, qui avaient totalement perdu cette première plus-value, une prime nouvelle qui dépassa
bientôt la précédente, et enleva encore à la production un nouveau capital de 2 milliards. Or, c'est
après que la spéculation eut prélevé 4 milliards
de prime sur les actions des chemins de fer, que
les compagnies n'auraient pu trouver seulement
près d'elle 100 millions à lui emprunter si le Gouvernement n'avait garanti l'intérêt aux prêteurs.

Ce qu'il y a de plus étrange dans l'histoire de nos chemins de fer, c'est que, tandis que la spéculation proclamait l'impuissance et l'incapacité du Gouvernement pour construire et exploiter nos voies ferrées, rien ne se faisait en chemins de fer chez nous sans l'intervention et sans le concours de ce même Gouvernement, au seul profit des spéculateurs.

Voilà comment la spéculation soutient le crédit des entreprises industrielles ; voilà comment les quatre milliards jetés par le public en pâture à cette spéculation, et comment toutes les largesses du Gouvernement pour les compagnies ont fait refluer les capitaux vers l'industrie des chemins de fer, et ont apporté un allégement aux charges de la production et de la consommation publique.

Aussi, les denrées et les produits de toute nature, dont l'établissement des chemins de fer avait pour seul et unique but de faire baisser le prix en économisant le temps et les frais de leur transport, coûtent-ils, aujourd'hui que nous jouissons d'un réseau de huit mille kilomètres, le double de ce qu'ils valaient lorsque la France était complétement privée de voies ferrées. Beau résultat vraiment, qu'il faut se garder cependant d'attribuer à l'inutilité des chemins de fer, qui auraient procuré à la nation une augmentation de bien-être considérable, si la spéculation n'en avait pas escamoté tous les profits.

Chose inouïe, c'était dans l'unique but d'attirer les capitaux vers l'exploitation des voies ferrées qu'on encourageait et qu'on protégeait la spéculation, qui se présentait alors au public sous le masque trompeur d'une institution de crédit ; et elle n'a fait, elle ne pouvait du reste faire autre chose que les en détourner en les attirant dans la plus-value artificielle des actions, qui ne pouvait faire refluer les capitaux que dans la caisse des spéculateurs et non dans celle des compagnies.

Le public et le Gouvernement lui-même ont donc pris, en cette circonstance, les vessies de la plus-value factice donnée par la spéculation aux valeurs industrielles pour les lanternes d'un accroissement de richesse : méprise fatale, dont les conséquences se feront sentir bien longtemps encore dans les affaires.

VI

QUELQUES INCONVÉNIENTS DE L'ANONYMAT ET DES ACTIONS AU PORTEUR.

A l'aide de quels instruments la spéculation a-t-elle pu arriver à produire des résultats aussi antiéconomiques, aussi contraires au développement de la richesse publique? Avec les seuls instruments de l'anonymat et de l'action au porteur.

Ce n'est pas ici le lieu de traiter à fond la question des sociétés anonymes privilégiées, et celle de l'influence fâcheuse que leur prépondérance sur les autres sociétés a exercée dans le mouvement industriel et financier de notre époque.

Disons seulement qu'en ce qui concerne les sociétés anonymes, il nous paraît essentiel d'admettre le principe de la rémunération des administrateurs qui administrent et la responsabilité même de ceux qui n'administrent pas. Qu'on limite cette responsabilité, poussée jusqu'à l'absurde, dans la gérance des sociétés en commandite, mais qu'au moins les administrateurs des sociétés anonymes aient une responsabilité quelconque. Qu'on exige la publicité de leurs comptes et *surtout de leurs inventaires*, la publication de leur situation trimestrielle et même mensuelle pour toutes les sociétés de crédit qui sont autorisées à recevoir des fonds en dépôt ou en compte courant.

Qu'on exige aussi que, pour la formation des assemblées générales, le dépôt des actions, prescrit par les statuts, soit fait à la Banque de France, qui publiera la liste des déposants huit jours d'avance et ensuite vingt-quatre heures avant l'assemblée, et non au siége social, où la caisse des dépôts d'actions, qui existe déjà, et dont les déposants ne peuvent assister aux assemblées générales faute d'un nombre d'actions suffisant, pourrait servir à fausser les majorités dans les assemblées, et pourrait donner lieu aux abus les plus scandaleux, tant pour la vérification des comptes que pour la nomination des administrateurs. Que les actions des compagnies anonymes industrielles restent nominatives jusqu'à ce que leur mise en exploitation soit complétement terminée, et l'on verra alors s'il se présente jamais, pour obtenir une concession de chemin de fer, par exemple, des hommes qui ne sachent ni le prix de revient des lignes qu'ils doivent construire, ni le revenu approximatif et probable de l'exploitation de ces lignes, qui ne se sont pas même donné la peine de calculer le temps qui était nécessaire pour l'amortissement de leur capital avant de fixer la durée de la concession qu'ils demandent, et qui vendent néanmoins sans scrupule, le jour même de l'adjudication, des actions à 300 fr. de prime, quand ils ne savent même pas si, avec les clauses du cahier des charges qu'ils ont acceptées sans s'en rendre compte, ces actions en vaudront jamais 30.

Quelle valeur auraient aujourd'hui les actions

de toutes les compagnies de chemins de fer, sans aucune exception, si les conditions absurdes que les concessionnaires ont si légèrement acceptées d'abord avaient été maintenues et s'ils avaient été obligés de les remplir?

Mais qu'importaient ces conditions aux soumissionnaires? Le seul point important pour eux était d'obtenir la concession avec laquelle ils pourraient réaliser, dès le lendemain, un bénéfice de deux ou trois cents pour cent sur le premier versement des actions, sans encourir la moindre responsabilité, et ils soumissionnaient à tâtons et coûte que coûte.

On nous dira, car la spéculation le répète sans cesse, que sans ce jeu effréné sur les actions les compagnies n'auraient pu se former. Eût-ce donc été là un bien grand malheur? Le Gouvernement aurait vu au moins dans cette difficulté de trouver des compagnies la nécessité de modifier, dès l'origine, les conditions des concessions de chemins de fer, et aurait évité ainsi de se laisser entraîner plus tard dans un véritable gâchis de combinaisons financières.

Quand MM. les administrateurs seront responsables de leurs actes, et quand le dépôt des actions, pour avoir droit d'assister aux assemblées générales, se fera à la Banque de France et non au siége social, les compagnies ne seront plus dirigées par des spéculateurs qui les gouvernent comme par droit de naissance, de parenté ou d'héritage, mais par des hommes qui n'auront d'autre droit à les administrer que celui de leur intelligence, de leur expérience et de leur capacité ; alors les administrateurs de parade feront place à des administrateurs pratiques et sérieux.

Pour nous, nous mettons en fait que si, lors de la formation des compagnies de chemins de fer, les administrateurs avaient été responsables, et si leurs actions avaient dû rester nominatives jusqu'à ce que leurs lignes fussent mises en exploitation, ces compagnies, beaucoup moins préoccupées de la plus-value momentanée de leurs actions, à laquelle elles ont sacrifié leur avenir, que des produits et du succès de l'exploitation de leur entreprise, se seraient constituées dans des conditions telles qu'elles n'auraient jamais eu besoin de recourir à l'intervention du Gouvernement pour pouvoir exécuter toutes les conditions de leur contrat de concessions, et pour mener à bonne fin leur entreprise, comme l'ont fait, du reste, à l'étranger, toutes les compagnies de chemins de fer, excepté pourtant les compagnies françaises, qui n'ont jamais su rien faire sans le concours des Gouvernements.

C'est à l'irresponsabilité des admistrateurs et à l'anonymat de la société et de l'action qu'il faut attribuer le véritable tohu-bohu économique et financier qui a présidé à l'établissement de notre premier réseau de chemins de fer, et qui, indépendamment des primes perçues par la spéculation sur la valeur des actions, est revenu à la nation peut-être à deux milliards de plus qu'il ne lui aurait coûté si l'établissement de ce réseau avait été confié à des hommes intelligents et pratiques et non à des spéculateurs (1).

Quant au système d'intervention du Gouvernement, le temps n'est pas loin où l'on pourra juger de son efficacité par les résultats obtenus. L'exercice de 1865 commencera déjà à soulever le voile qui couvre cet abîme financier, creusé comme à plaisir par ces grands économistes, qui ont pour principe que, lorsqu'on se met à faire des chemins de fer on n'en saurait trop faire, et qu'il est d'une sage économie et d'une bonne politique d'imposer la consommation actuelle des produits pour faciliter la circulation de ceux qui, dans dix ans peut-être, n'existeront pas encore.

(1) L'ingénieur Polonceau disait un jour à des confrères anglais qui étaient venus visiter nos voies ferrées, et qui s'étonnaient de l'énormité de leur prix de revient:

« Pendant longtemps on gagnera peu à exploiter les chemins de fer en France, parce qu'on a trop gagné à les construire. »

N'y aurait-il pas par hasard, dans ces paroles du savant ingénieur, une explication à cette ardeur de construire par monts et par vaux, sur la terre et sur l'onde, qui dévore parfois certaines compagnies?

Attendons seulement deux ans, et l'on verra, par le trafic kilométrique du second réseau, s'il y avait urgence de l'exécuter et d'aggraver pour cela nos impôts de consommation.

VII

TROIS SYSTÈMES RATIONNELS D'ÉTABLIR LES CHEMINS DE FER.

Il n'y avait que trois manières rationnelles de résoudre le problème de la circulation par voies ferrées.

La première, celle à laquelle nous aurions donné la préférence, parce qu'elle n'engageait pas l'avenir, était de confier à l'Etat la construction complète des lignes, des gares et des stations, et de les affermer ensuite à des compagnies particulières, qui auraient fourni le matériel d'exploitation et auraient été astreintes à une règle commune pour leurs rapports entre elles.

La seconde, celle qui convient le mieux, selon nous, à un pays de liberté, comme la Belgique, mais qui offrirait de graves inconvénients dans un pays de centralisation outrée, comme le nôtre, est l'exécution et l'exploitation par l'État, système qui, bien qu'en disent certains partisans peu éclairés de la liberté commerciale et industrielle, n'est nullement contraire à cette liberté.

Enfin, la troisième, qui aurait pu remplacer, avec des avantages énormes, cette espèce de mariage marganatique qui existe aujourd'hui entre le Gouvernement et les compagnies, aurait consisté à confier à ces dernières l'exécution et l'exploitation des voies ferrées, et au lieu de les aider dans cette exécution et dans cette exploitation de trente-six façons différentes, aussi inefficaces les unes que les autres, il aurait fallu émettre tout simplement la quantité de rentes nécessaires à leurs emprunts et leur prêter directement sur obligations amortissables, dans un temps donné, le capital provenant de l'émission de ces rentes. Par ce moyen, on n'aurait pas créé une foule de valeurs présentant des avantages et ayant des cours différents en concurrence sur le marché, non pas seulement entre elles, mais encore avec les valeurs de l'État. On n'aurait pas jeté le crédit public dans une véritable anarchie, en imposant aux compagnies des conditions excessivement onéreuses dans le présent et plus onéreuses encore dans l'avenir, sans aucun profit pour le Gouvernement, pour les compagnies et pour les intérêts publics.

Donnons, en quelques mots, un aperçu des avantages qu'aurait offerts ce dernier système sur celui qui a été adopté par le Gouvernement. Prenons, par exemple, l'émission des rentes 3 et 4 1/2 de 1854, et, pour simplifier nos calculs, bornonsnous à l'émission du 3, qui eut lieu au cours de 65,25, soit à raison d'un intérêt de 4 74 p. 0/0 environ.

On sait que, pour un capital de 467 millions demandés par le Gouvernement, la souscription publique s'éleva à 2 milliards 175 millions. Il est donc évident qu'à cette époque on pouvait facilement émettre au taux de 65,25 les 5 milliards environ qu'on estimait être nécessaires pour achever, avec leurs embranchements, toutes les lignes concédées, surtout si l'on réfléchit que les versements auraient été échelonnés nécessairement suivant les besoins d'emploi des compagnies, c'est-à-dire pendant près de dix années.

Le taux moyen des obligations émises par les compagnies de chemins de fer est de 285 fr. environ, pour lesquels elles payent 15 fr. d'intérêt, soit un intérêt moyen de 5,24 p. 0/0, ce qui fait une différence de 50 c. entre l'intérêt des rentes sur l'Etat et l'intérêt des obligations de chemins de fer, indépendamment de l'amortissement, soit, par conséquent, pour l'intérêt de 5 milliards, une différence de 25 millions par an.

Mais les compagnies n'ont pas seulement 5,24 p. 0/0 d'intérêt à payer pour leur emprunt de

5 milliards, elles auront, en outre, à rembourser, dans un délai variable de 75 à 90 ans, en sus de leur capital emprunté, plus de 40 p. 0/0 de primes, soit 2 milliards au moins pour leurs 5 milliards d'obligations.

Or, calculant à raison de 50 c. par 100 fr. l'amortissement annuel de ces 5 milliards, c'est une somme de 25 millions qu'auraient à payer chaque année les compagnies pendant soixante-quinze ans. Donc, en émettant, pour un capital de 5 milliards, des rentes sur l'Etat, et en prêtant ces 5 milliards aux compagnies au taux d'intérêt de 5,24 auquel elles ont emprunté, ce qui, pour l'État, serait revenu exactement au même que de garantir l'intérêt et l'amortissement, le Gouvernement aurait été remboursé et aurait amorti son emprunt de 5 milliards en soixante-quinze ans ; il aurait économisé aux compagnies environ 15 millions par an sur leur amortissement actuel, plus un capital de 2 milliards de prime, ou, ce qui revient au même, une dépense annuelle de 20 millions pour le remboursement d'un centième de ces primes. Enfin, à l'expiration des concessions, il serait rentré, sans avoir fait aucun sacrifice, dans la propriété des chemins de fer, représentant alors, pour l'ancien et le nouveau réseau tels qu'ils sont en ce moment, un capital de 6 milliards, dont le produit brut dépassera bien cer-

tainement 600 millions. Mais au lieu de cela, les
chemins de fer jusqu'à présent n'ont fait qu'ap-
pauvrir le pays, grâce à l'intervention des spéculateurs.

VIII

BILAN DES CHEMINS DE FER.

Ce fait est facile à prouver. Voici la véritable
situation financière de tous nos chemins de fer à
ce jour.

La compagnie du Nord a un capital composé de 525,000 actions qui, au cours actuel de 1,050 fr., représentent un total
de........................... 551,250,000 fr.

La compagnie des Ardennes, 84,000 ac-
tions, qui représentent au pair.......... 42,000,000

La compagnie de l'Est, 500,000 actions
qui, au cours actuel de 560 fr., représentent un total de..................... 280,000,000

La compagnie de l'Ouest, 300,000 actions qui, au cours de 550 fr., représentent
un total de 165,000,000

La compagnie d'Orléans, 300,000 actions
anciennes qui, au cours de 1,050 fr., représentent un total de.................. 315,000,000

Plus 200,000 actions nouvelles qui, au
cours de 800 fr., représentent un total de. 160,000,000

A reporter. 1,513,250,000

Report.	1,513,250,000
La compagnie de Lyon, 695,000 actions qui, au cours de 1,200 fr., représentent un total de..........................	834,000,000
La compagnie du Dauphiné, 35,000 actions qui, au pair, représentent un total de.	17,500,000
La compagnie de Genève, 80,000 actions qui, au pair, représentent un total de.....	40,000,000
La compagnie du Midi, 286,334 actions qui, au cours de 890 fr., représentent un total de..........................	254,837,260
Le montant des obligations émises par ces compagnies est de 11,000,000 remboursables à 500 fr., soit....................	5,500,000,000
Les subventions de l'État, soit en travaux, soit en argent, s'élèvent à.........	1,000,000,000
Coût réel des chemins de fer non compris les sommes prélevées en dehors par l'agiotage	9,159,587,260 fr.

Tous ces chemins font une recette brute de 460 millions, dont il faut déduire 230 millions environ pour frais d'exploitation ; reste par conséquent 230 millions de bénéfice net.

Le capital réel de 6,959,587,260 fr. (1) qui, avant d'être déplacé pour être employé à la construction et à l'exploitation des chemins de fer, rapportait au moins 5 p. 0/0, c'est-à-dire près de 348 millions, n'en rapporte donc plus que 230,

(1) Déduction faite de 2 milliards 200 millions de prime pour les obligations, laquelle prime n'est payée qu'à raison d'un centième par an.

soit 118 millions de moins, auxquels il faut ajouter encore, pour l'amortissement de ce capital en soixante-quinze ans, 35 millions, plus pour un centième par année de la prime des obligations, 22 millions, ce qui porte la perte réelle en intérêt, sur le capital représenté aujourd'hui par les chemins de fer, à 175 millions.

Or, s'il peut y avoir eu en compensation à cette perte des avantages moraux, il n'y en a point eu de matériels, puisque l'augmentation du prix de tous nos produits a doublé malgré l'économie de temps et d'argent réalisée sur leur transport par voies ferrées.

On a donc poussé la construction des chemins de fer beaucoup plus vite que ne l'exigeaient les besoins croissants de la circulation; c'est pour cela qu'il y a aujourd'hui une perte d'intérêt aussi considérable sur le capital qu'ils représentent, et que jusqu'à présent ils ont appauvri la nation au lieu de l'enrichir.

IX

DE LA CIRCULATION DE LA MONNAIE.

Nous entendons dire journellement, par des gens qui ont la prétention d'être de grands économistes, que, l'argent ne se perdant pas en passant de main en main, il faut le dépenser et non le mettre en réserve pour enrichir le pays. Donc la construction des chemins de fer, qui fait nécessairement circuler l'argent, accroît la richesse nationale. Ils disent encore que plus les budgets sont gros, plus les Gouvernements peuvent faire de dépenses, plus ils peuvent exécuter de grands travaux et répandre l'aisance et la richesse parmi les populations.

Sans doute l'argent ne se perd pas et ne se consomme pas en circulant, mais les produits qu'il représente ne se consomment-ils donc pas à mesure qu'on le dépense et qu'il passe d'une main à une autre? L'ouvrier qui reçoit pour son travail un salaire de 4 fr. ne consommera-t-il pas, en les dépensant, 4 fr. d'aliments, de vêtements, de loyer, etc., etc.?..... Si donc son travail ne reproduit pas les 4 fr. d'aliments, de vêtements, etc., qu'il a dépensés, n'y aura-t-il pas diminution de 4 fr. dans la richesse qui se consomme, bien qu'il y ait création de 4 fr. en valeurs qui ne se consomment pas? Or, comment vivrions-nous si le travail national ne produisait que des valeurs non consommables?

Il est donc bien évident que, si l'on dépense par exemple 100 millions en construction de monuments, de palais, de théâtres, de casernes, de chemins de fer, etc., il y aura 100 millions qui auront été remis en argent aux entrepreneurs et aux ouvriers, qui échangeront cet argent contre les objets nécessaires à leur consommation journalière; mais, comme ils auront reproduit à la place des 100 millions d'objets divers qu'ils ont consommés 100 millions de monuments et de chemins de fer qu'on ne mange pas, qu'on ne boit pas, qu'on n'habite même pas, il est clair qu'il y aura déficit de 100 millions l'année suivante dans la masse des objets de consommation, dont la partie dépensée sous forme d'argent n'aura pas été remplacée par des produits similaires, ce qui fera renchérir nécessairement tous ces objets proportionnellement à ce déficit.

Il n'est donc pas étonnant que depuis dix ans tous les produits alimentaires renchérissent de plus en plus à mesure qu'ils sont consommés en travaux qui ne peuvent les reproduire, et, comme toutes les dépenses budgétaires sont généralement improductives, puisqu'elles ne remplacent pas les produits qu'elles servent à consommer, plus les budgets sont gros, plus ils rendent chère la vie matérielle et plus ils appauvrissent les nations, n'en déplaise à certains hommes d'État et à certains économistes.

Il est admis par presque tous les économistes contemporains que le renchérissement de tous nos produits provient du développement et du raffinement de la consommation des classes ouvrières, auxquelles une augmentation successive de salaire permet de vivre mieux et plus confortablement qu'autrefois ; puis ils concluent de ce fait que la richesse augmente considérablement en France.

Ainsi posée, la question nous paraît être tournée à l'envers ; essayons donc de la remettre à l'endroit.

Qu'il y ait amélioration continue du bien-être des classes ouvrières, cela ne fait pas question ; on ne travaille en ce bas monde que pour donner à soi et aux siens le plus de bien-être moral et matériel possible ; et c'est cette augmentation de bien-être qui constitue en définitive le progrès social.

Mais comment le renchérissement de toutes choses pourrait-il avoir lieu par le fait seul de ce progrès, de cette amélioration du bien-être des classes ouvrières, si, par rapport à la consommation croissante de ces mêmes classes, la quantité des produits créés ne diminuait pas ? Ce renchérissement serait-il possible s'il n'y avait pas diminution dans la production générale, ou, ce qui revient au même, s'il n'y avait pas accroissement de la consommation sans augmentation proportionnelle de la richesse ?

Or, s'il y a renchérissement de tous les produits en même temps qu'il y a augmentation de la consommation individuelle et du bien-être général, c'est évidemment parce qu'on produit proportionnellement moins que précédemment, et si l'on produit moins, cela restreint nécessairement d'autant l'accumulation des richesses, qui ne peut s'obtenir que par un excédant de la production sur la consommation, et par l'épargne ou la mise en réserve de cet excédant.

Il nous paraît donc incontestable que le renchérissement de toutes choses, joint à l'augmentation des salaires, qui en est la conséquence naturelle, loin de prouver un accroissement de richesse, est au contraire un indice certain d'une diminution, sinon dans la production, au moins dans l'épargne nationale, d'où résulte nécessairement un ralentissement dans l'accumulation des capitaux, c'est-à-dire dans l'augmentation de la richesse ; c'est pour cela que le loyer de l'argent augmente et que les fonds publics, le 3 p. 100 par exemple, qui, en 1852, était à 86 fr., n'est plus aujourd'hui, après la hausse phénoménale de la fin de septembre, qu'à 70 50, malgré l'*élasticité* qu'il a gagnée à la conversion du 4 1/2.

Ce qui fait la richesse réelle des peuples, ce n'est ni le grand nombre, ni la beauté de leurs monuments, ni la splendeur de leur capitale, comme on

semble trop disposé à le croire aujourd'hui, c'est
tout simplement la puissance de leurs forces productives et l'abondance de leurs produits. Si l'Angleterre avait dépensé en monuments et en embel-
lissements de toute sorte ses capitaux au lieu de
les consacrer au développement de son agriculture, de son industrie et de son commerce, quelle
serait aujourd'hui sa puissance politique et où
serait sa liberté?

Les nations s'enrichissent donc positivement
lorsque le prix de tous leurs produits de consommation baisse, puisque l'abondance seule de ces
produits peut faire baisser ce prix; et elles s'appauvrissent au contraire lorsque le prix de ces
mêmes produits s'élève, puisque leur insuffisance
seule peut le faire augmenter. Aussi lorsque les
objets de consommation atteignent le haut prix
auquel ils sont arrivés actuellement en France,
c'est un avertissement donné aux gouvernements
par la Providence, qui veille à leur chevet, que
le réservoir de la richesse n'est pas inépuisable,
et qu'il est temps qu'ils ferment les écluses par
lesquelles ils la font couler à grands flots, s'ils
ne veulent pas le mettre à sec et tarir la source
du bien-être des masses, qui forme la seule base
solide sur laquelle puissent s'appuyer avec sécurité et avec confiance tous les Gouvernements,
quels qu'ils soient.

Il faut donc, pour s'enrichir, produire plus qu'on
ne consomme et non dépenser plus qu'on ne produit, autrement toute la richesse accumulée aurait bientôt disparu, et, malgré notre splendeur,
nous finirions par mourir de faim avec tout notre
or le jour où il ne représenterait plus aucun des
objets de consommation qui, seuls, pourvoient
à notre existence.

La spéculation sur les valeurs publiques, non-
seulement ne produit rien par elle-même, mais
elle empêche encore de produire les capitaux
qu'elle enfouit dans la plus-value de ces valeurs
sans rien ajouter à leur revenu, avec l'accroissement duquel on peut seul s'enrichir; elle appauvrit donc la nation au lieu d'accroître sa richesse.

Et quand nos hommes d'État et nos financiers
d'aventure s'extasiaient devant cette plus-value
factice donnée aux valeurs publiques, de 1852
à 1857, par la spéculation, quand ils croyaient
voir dans cette plus-value une réelle augmentation de la richesse, hélas! ils étaient dupes d'un
mirage trompeur. La France s'appauvrissait au contraire de tout le revenu qu'aurait donné le capital
représenté par cette plus-value éphémère, s'il avait
été utilement employé à l'œuvre de la production.

Où est aujourd'hui cette plus-value? Où elle
est...... Ah! nous pourrions bien le dire, mais
nous nous taisons par respect pour les mœurs.

X

GARANTIE CONTRE LES ABUS DES PRIVILÉGES.

Dans une situation économique pareille à celle
que nous venons de décrire, comment les établissements de crédit priviligiés peuvent-ils garantir
au Gouvernement et au public que, conformément au but de leur institution, ils se consacre-
ront au service des intérêts généraux et non au
service d'intérêts particuliers? Ils ne peuvent évidemment offrir qu'une seule garantie un peu sérieuse, c'est celle de la publicité de leurs opérations. Et du moment où ces établissements opé-
reront dans l'intérêt général, cette publicité deviendra le plus solide appui de leur crédit; elle
ne pourrait leur être nuisible qu'autant que leurs
opérations seraient dirigées en vue d'intérêts particuliers contraires aux intérêts publics.

On peut donc affirmer, sans crainte de se tromper, que toute institution privilégiée de crédit
qui, au lieu de donner la plus grande publicité
possible à ses opérations, ainsi que le font la Banque de France, le Comptoir national, la Société
générale de Crédit industriel et commercial —
lesquelles publient leur situation chaque mois —
les cache au contraire au public, on peut affir-

mer, disons-nous, que cette institution opère au profit d'intérêts particuliers.

Jusqu'à présent, la Société générale de Crédit mobilier n'a point été critiquée d'une manière consciencieuse et juste. Si ses administrateurs lui donnent, de temps à autre, dans leurs comptes rendus, des éloges un peu banals, qui n'ont aucune portée économique et financière, en revanche, elle a été en butte jusqu'ici à des attaques non moins banales, qui n'ont aucune portée pratique et qui semblent avoir été inspirées bien plutôt par des jalousies personnelles que par amour pour la vérité et pour le bien général. Notre critique à nous ne sera inspirée que par ce dernier sentiment, car elle aura uniquement pour but de rendre plus accessibles à l'intelligence de tous les opérations du Crédit mobilier, comme celles de tous nos autres établissements de crédit, lesquelles sont généralement très peu comprises du public.

XI

DIFFÉRENCE ENTRE LE BUT DES BANQUES PARTICULIÈRES ET CELUI DES BANQUES PRIVILÉGIÉES.

En fondant un établissement de crédit avec ses propres ressources, le banquier rend, sans doute, service au public, mais avant tout il a en vue son intérêt personnel, et cherchera naturellement à faire payer le plus cher possible le service qu'il rend. Il lui importe donc de ne pas mettre le public dans le secret de ses affaires, et de lui laisser ignorer les bénéfices qu'il fait avec lui. Il a aussi intérêt à ne pas divulguer à des concurrents dangereux sa manière d'opérer et ses moyens d'action.

On comprend qu'il doit en être nécessairement ainsi pour toutes les entreprises particulières : le secret de leurs affaires est en quelque sorte une condition de leur succès, sinon une condition de leur existence.

Mais lorsque l'État fonde une institution de crédit, ou concède à des particuliers un privilége qui met cette institution à l'abri de toute concurrence, ce n'est plus en vue d'un intérêt personnel, mais bien en vue de l'intérêt général qu'il a pour mission de sauvegarder que l'État accorde ce privilége, et dès lors cette institution ne peut plus avoir aucun intérêt à tenir secrètes ses opérations.

Tout établissement de crédit fondé ou patronné par le Gouvernement a donc nécessairement pour but, contrairement à celui qu'ont les banques particulières, de favoriser *exclusivement* les intérêts généraux, c'est-à-dire de faire payer au public le moins cher possible, moins cher que celui des autres banques, le crédit que le Gouvernement veut rendre plus accessible au travail et à la production nationale, en autorisant ces institutions privilégiées.

XII

LE CRÉDIT MOBILIER TIENT SES OPÉRATIONS SECRÈTES.

Pourquoi le Crédit mobilier, qui a été institué dans un intérêt général et non dans un intérêt particulier, ne publie-t-il pas sa situation détaillée tous les mois comme la Banque de France?

Pourquoi se refuse-t-il à la faire connaître, même à ses actionnaires qui, pour tout éclaircissement aux comptes incomplets que leur fournit le conseil d'administration, sont obligés d'accepter des explications comme celles-ci :

« Dans la situation générale de notre société, il est un chapitre *qui doit attirer votre attention*, c'est celui des rentes, actions et obligations que nous avions en portefeuille, et dont *nous ne pouvons vous donner le détail par des motifs que nous n'avons pas besoin de vous exposer.* »

Nous le demandons ici froidement, sans prévention aucune, de pareilles paroles prononcées dans une assemblée d'actionnaires par un administrateur, surtout quand cet administrateur prélève avant tout partage une part dans les bénéfices sociaux, sont-elles convenables?

Quelle que soit l'honorabilité de MM. les administrateurs du Crédit mobilier, honorabilité que certes nous ne mettons pas en doute, ils n'en ont pas moins à remplir vis-à-vis du public et de leurs associés, dans le seul intérêt desquels leurs statuts les ont institués, le devoir qui incombe à tout mandataire de rendre compte à son mandant. Et quand le Gouvernement lui-même se soumet rigoureusement à ce devoir vis-à-vis de ses gouvernés, a-t-il pu entrer dans sa pensée d'en affranchir les sociétés anonymes privilégiées qu'il n'a autorisées que dans un intérêt général? Certainement non! Celles qui se soustraient à ce devoir méconnaissent donc les intentions du Gouvernement, et mésusent des priviléges qu'il leur a concédés.

Mais MM. les administrateurs du Crédit mobilier n'ont pas seulement ce devoir, commun à tous les administrateurs de sociétés anonymes, de rendre publiques leurs opérations : dans leur position délicate et toute particulière de partie prenante d'un dixième, avant tout partage des bénéfices sociaux — privilége qui n'est accordé à aucun autre administrateur, leur rémunération ne pouvant être justifiée en effet que par leur responsabilité — n'y a-t-il pas plus qu'une raison de convenance à mettre au moins les actionnaires à même d'apprécier en connaissance de cause la légitimité de la part des bénéfices que ces messieurs s'attribuent ainsi sans contrôle?

Et quand le nombre des administrateurs entre lesquels *les dix pour cent de bénéfices* doivent être partagés a été fixé à quinze par les statuts, quand ce nombre est réduit à dix ou à onze, qui se partagent la part des quatre ou cinq manquants, qu'on ne remplace pas depuis plusieurs années — et cela sans l'autorisation du Gouvernement et sans l'approbation *spéciale* des actionnaires — n'est-ce pas manquer à tous les égards qu'on doit à des associés et à des mandants que de leur rendre compte de la situation de leur entreprise dans les termes que nous venons de citer?

On voit, par cette citation, que M. le rapporteur parle, non pas en souverain — les souverains donnent le *détail* de leurs comptes — mais en oracle; cependant le temps des oracles est passé; et si M. le rapporteur n'éprouve pas le besoin d'expliquer à ses actionnaires les motifs qui l'obligent à leur cacher les détails du seul chapitre de la situation financière qui puisse éclaircir cette situation et la faire apprécier, le public, qui donne aussi son concours au Crédit mobilier, a besoin de connaître ces motifs, et nous allons tâcher de donner satisfaction à ce besoin (1).

XIII

SITUATION PRÉSUMÉE DU CRÉDIT MOBILIER.

Voici en quels termes brefs et concis, M. le rapporteur rend compte de la situation financière de la société.

Opérations de l'exercice.

Nous avons à aborder maintenant, Messieurs, le chapitre des opérations de l'exercice dernier et des résultats obtenus, en vous indiquant les causes spéciales ou générales qui ont plus ou moins influé sur ces résultats.

Et tout d'abord, nous vous ferons connaître notre situation au 31 décembre dernier.

(1) Si nos lecteurs trouvaient ces observations un peu vives, nous dirions pour notre justification que le sentiment que nous avons des convenances a été quelque peu froissé de ce sans-façon avec lequel MM. les administrateurs du Crédit mobilier semblent traiter leurs actionnaires.

Nous possédions en rentes, actions et obligations............................	95,858,484 fr.	83
Nos effets en portefeuille montaient à...	6,586,890	24
Les reports effectués à	16,826,901	65
Les avances aux compagnies à........	13,647,901	07
Hôtel de la société et mobilier........	1,449,580	89
Espèces en caisse ou à la Banque et dividendes à recevoir.....................	16,287,038	30
Total........	150,656,796 fr.	98

Dont le montant avait été fourni par votre capital pour..........................	60,000,000	»»
Par les comptes courants et créanciers divers pour	82,314,442	85
Par le fonds de réserve..............	2,000,000	»»
Par le solde du compte de profits et pertes.	6,342,354	13
Total égal...........	150,656,796 fr.	98

82,314,442 fr. 85 c. reçus en comptes courants, c'est-à-dire remboursables à vue, probablement pour la majeure partie, et employés en achat de rentes, d'actions et d'obligations. Il y avait, dans une pareille situation, de quoi effrayer tant soit peu l'assemblée générale. M. le rapporteur l'a compris, et il s'est empressé d'ajouter, après celles que nous venons de citer, ces quelques paroles peu rassurantes :

Toutefois, *ce qu'il nous est permis de vous dire*, c'est *que nos placements sont bons, très bons*, et que nos valeurs, presque toutes facilement réalisables, représentaient, en moyenne, au 31 décembre, *un revenu de plus de 6 1/4 p. 0/0*, bien qu'une portion ne donnât *qu'un faible intérêt, d'autres même aucun.*

Si M. le rapporteur ne s'est pas trompé de 2 ou 3 p. 0/0 en calculant sa moyenne, son rapport manque ici de clarté. En effet, si nous nous reportons à la situation de son portefeuille, telle qu'il nous la présente, nous n'y voyons que des rentes sur l'État et des obligations qui rapportent environ 4 1/2 à 5 p. 0/0 d'intérêts, et à côté de ces valeurs, donnant un revenu assuré, nous ne trouvons que des actions de chemins suisses et de canalisation de l'Ebre ne rapportant rien. Or, sans la production de l'inventaire des autres valeurs existant dans le portefeuille du Crédit mobilier, il est impossible de comprendre comment on a pu obtenir une moyenne de revenu de 6 1/4 p. 0/0.

Peu importe, Monsieur le rapporteur, le revenu moyen de 6 1/4 p. 0/0 des 95 millions de votre portefeuille, au point de vue de votre situation générale; immobiliser en *placements* quelconques et en acquisition de valeurs de Bourse, quelque bonnes qu'elles soient, la presque totalité de son capital roulant et la totalité du capital provenant de ses dépôts, n'en est pas moins, pour une institution de crédit, mobilier ou non, une fausse manœuvre, contraire à toutes les saines données de la pratique, et qui peut constituer une situation des plus dangereuses. Nous pourrions invoquer au besoin, à l'appui de cette opinion, le témoignage de tous les banquiers de France, même de ceux qui ont charge d'administrer le Crédit mobilier.

Mais avant d'examiner l'arche sainte de ces 95 millions, dans laquelle M. le rapporteur a seul le droit de pénétrer, voyons dans quel but a été instituée la Société générale de Crédit mobilier.

XIV

BUT APPARENT DE LA SOCIÉTÉ.

Les fondateurs de la Banque de France faisaient précéder leur demande de privilége au Gouvernement des considérations suivantes : « Les sous-
» signés, considérant que, par le résultat inévi-
» table de la révolution française et d'une guerre
» longue et dispendieuse, la nation a éprouvé le
» *déplacement et la dispersion des fonds* qui ali-
» mentaient son commerce, l'*altération* du crédit
» public, le *ralentissement de la circulation* de ses
» richesses..... ont résolu et arrêté les articles
» suivants comme statuts fondamentaux d'une
» banque. »

Un programme aussi clairement exposé a pu être facilement compris de tout le monde, et cette clarté indiquait aussi que ses auteurs se rendaient parfaitement compte de leur combinaison finan-

cière, car ce qui se conçoit bien s'explique clairement.

Qu'on prenne maintenant toutes les situations
publiées par la Banque de France depuis son origine jusqu'à ce jour, et l'on verra que, constamment fidèle à son programme, elle a *concentré* de
plus en plus les capitaux qui alimentent le commerce, elle a *développé* le crédit public et a contribué à *activer la circulation* des richesses dans
une proportion énorme (1).

Les fondateurs du Crédit mobilier expliquent
ainsi le but de leur institution : « Considérant *les
services importants* que pourrait rendre l'établissement d'une société ayant *pour but de favoriser
le développement de l'industrie et des travaux
publics*, d'opérer *par voie de consolidation en un
fonds commun la conversion des titres des particuliers et des entreprises diverses*, ont résolu de
réaliser *une œuvre si utile.* »

Qu'est-ce que cela veut dire ? moins fort en économie politique et en finance que le conseil d'Etat

(1) Lorsque la Banque de France commença ses opérations
en 1800, la rente 5 p. 0/0 — le 3 p. 0/0 n'existait pas encore
— était à 37 75 , et, après que cette institution de crédit eut fonctionné pendant dix années, le 5 p. 0/0 atteignit le cours de 80 50.

Lorsque le Crédit mobilier commença ses opérations, à la fin
de 1852, le 3 p. 0/0 était à 86. Aujourd'hui, après dix ans d'existence de cette institution, le 3 p. 100 n'est plus qu'à 70 50.

—le conseil d'État n'admettrait très certainement pas à l'anonymat une œuvre, quelque utile qu'elle fût, s'il ne comprenait pas très clairement en quoi cette œuvre consiste—nous avouons franchement qu'une œuvre aussi utile, expliquée de cette façon, est complétement inaccessible au rayonnement borné de notre intelligence. N'ayant pas, comme tant d'autres publicistes, la vanité de vouloir paraître comprendre devant le public ce que nous ne comprenons pas dans notre for intérieur, nous confessons naïvement notre ignorance en matière *de conversion des titres particuliers et des entreprises diverses en un fonds commun, par voie de consolidation.* Nous inclinant donc humblement devant les principes d'une science financière aussi transcendante, nous bornerons nos prétentions au rôle plus modeste d'apprécier simplement *cette œuvre si utile* d'après ses résultats, suivant ainsi les préceptes de l'Évangile, qui nous enseigne à juger l'arbre à ses fruits.

MM. les fondateurs du Crédit mobilier semblent s'être douté d'ailleurs que cette définition du but de leur société pourrait bien échapper à la compréhension du public, car ils ont eu soin de le prévenir d'avance qu'ils allaient accomplir *une œuvre très utile, qui rendrait des services très importants.*

Les fondateurs de la Banque de France, qui ne

craignaient pas que le public se méprît sur les avantages de leur institution quand il la verrait fonctionner, n'ont pas cru nécessaire de le prévenir à l'avance de l'utilité de leur œuvre, et, à l'exemple de ce philosophe qui croyait mieux démontrer le mouvement en marchant qu'en pérorant, il leur a suffi de faire fonctionner la Banque pour prouver son utilité réelle.

Mais il paraît que pour démontrer les services importants du Crédit mobilier, le faire fonctionner ne suffit pas, et qu'il est nécessaire d'avoir recours à la rhétorique.

XV

BUT PROBABLE DE LA SOCIÉTÉ.

Sans perdre notre temps à chercher un sens pratique à ces expressions : « convertir des titres des particuliers et des entreprises diverses en un fonds commun par voie de consolidation, » disons de suite que cette définition s'applique à la grande combinaison financière de l'*omnium*, qui devait couronner ce splendide édifice financier.

Si nous ne nous trompons pas, la combinaison de l'omnium aurait consisté a acquérir des titres ayant un revenu et une valeur variable avec les propres obligations du Crédit mobilier, dont l'intérêt et le capital étant fixes ne pouvaient guère fournir d'aliment à la spéculation ; et en concentrant ainsi dans ses mains la grande majorité des titres à valeur variable, qui seuls sont susceptibles d'acquérir ou de perdre facilement une plus-value à la Bourse, le Crédit mobilier aurait évincé, par ce moyen, les capitaux employés à la fondation de toutes ses entreprises de la part qu'ils ont nécessairement dans la plus-value factice que leur donne la spéculation lorsqu'ils sont représentés par des actions.

C'est ce qui est arrivé, en effet, dans la campagne de hausse qui a été menée constamment à grandes guides, depuis 1853 jusqu'en 1857, et pendant laquelle il a dû partager avec la plèbe des spéculateurs détenteurs d'actions l'immense quantité de primes qu'il aurait moissonnées pour lui seul si, dès l'origine, il avait pu accaparer les actions de ces entreprises en les échangeant contre ses obligations, par voie de consolidation ou autre voie quelconque.

———

Ainsi, par exemple, le Crédit mobilier aurait pu fonder une société au capital de 10 millions ; renfermer à l'origine dans sa caisse toutes les ac-

tions au porteur, bien entendu, — cette condition
est essentielle aux combinaisons de l'omnium, —
puis émettre 10 millions d'obligations consolidées
en représentation de ces 10 millions d'actions,
ainsi que ses statuts l'y autorisent, et il aurait pu
monter ainsi, avec les seuls fonds provenant des
obligations, l'entreprise en question, dont il aurait
écoulé ensuite les actions à 100 ou à 200 fr. de
prime, plus ou moins, sans crainte d'écraser jamais les cours, puisque le robinet du réservoir à
actions étant entre les mains du Crédit mobilier,
aucune inondation subite de ces titres sur le
marché n'était désormais possible contre sa volonté, et ne pouvait faire obstacle à la hausse ou à
la baisse, soumises ainsi à son bon plaisir.

Au lieu donc de partager avec la masse des spéculateurs, comme cela a lieu aujourd'hui lorsqu'une
des valeurs du Crédit mobilier vient à hausser, les
5 ou 10 millions de primes que le public aurait
payées pour acquérir les actions de cette nouvelle
entreprise, grâce à la conversion de ces dernières
en obligations du Crédit mobilier, toutes auraient
pu être vendues par lui et pour son propre
compte, et il aurait pu être seul ainsi à bénéficier
de ces 5 ou 10 millions de prime que, dans cette
situation unique, il lui eût toujours été facile d'obtenir avant leur classement définitif. Voilà à quoi
se serait réduite l'opération de la conversion en

un fonds commun des titres des particuliers et des entreprises diverses par voie de consolidation ; voilà à quoi se serait résumée, en définitive, cette *œuvre si utile*, qui devait *rendre des services si importants*.....

XVI

DES OPÉRATIONS STATUTAIRES.

Voyons maintenant, les statuts à la main, s'il est possible de concevoir un autre résultat que celui que nous venons d'indiquer aux opérations du Crédit mobilier. L'article 5 les définit ainsi :

« Les opérations de la Société consisteront :

» 1° A *souscrire ou acquérir* des effets publics, » *des actions* ou des obligations dans les différentes » entreprises industrielles ou de crédit, *constituées* » *en société anonyme* — hors de l'église anonyme » point de salut — et notamment dans celles des » chemins de fer, de canaux, de mines et d'autres » travaux publics déjà fondés *ou à fonder* ;

» 2° A émettre, pour une somme égale à celle » *employée à ces souscriptions et acquisitions,* ses » *propres* obligations ;

» 3° A *vendre ou donner en nantissement d'em-*

» *prunts* tous effets, actions et obligations acquis,
» et *les échanger* contre d'autres valeurs. »

Il résulte de ces dispositions que si les titres
des particuliers et des entreprises diverses sont
convertis et consolidés en un fonds commun, cette
consolidation n'existe pas pour le Crédit mobilier,
qui, par le paragraphe 3 de l'article 5 de ses statuts, se réserve expressément la libre disposition
de ces titres et le droit de les aliéner par *vente,*
échange ou dépôt en nantissement d'emprunts;
toutes opérations qui sont faites nécessairement
à son seul avantage et à son seul profit, puisque,
d'après ses statuts, les bénéfices nets de la Société
se partagent de la manière suivante :

« 1° 5 p. 0/0 du capital pour intérêt des ac-
» tions ;

» 2° 5 p. 0/0 pour le fonds de réserve ;

» 3° Le surplus des bénéfices est distribué dans
» la proportion d'un dixième pour les administra-
» teurs, et de neuf dixièmes pour les actionnaires; »
par conséquent, rien pour les obligations.

Les titres convertis en un fonds commun, c'est-
à-dire en obligations qui représentent ce fonds
commun, ne touchent donc qu'un intérêt fixe et
n'ont aucune part dans les bénéfices des opérations faites avec le capital provenant de leur émission. Nous sommes par conséquent dans le vrai
quand nous disons que la conversion de ces titres

en un fonds commun par voie de consolidation n'est qu'un moyen fort habile d'accaparer les titres à valeur et à revenu variables. L'omnium du Crédit mobilier n'avait pas, ne pouvait pas avoir d'autre but. Sa théorie économique et financière ne peut être interprétée autrement, et il est impossible de découvrir un autre résultat possible à son œuvre si utile.

XVII

EN QUOI CONSISTENT SES OPÉRATIONS DE CRÉDIT.

Un seul paragraphe de l'article 5 des statuts est consacré aux opérations de crédit. Il est ainsi conçu : « Les opérations consistent..... à prêter » sur effets publics, sur dépôts d'actions et d'obli- » gations, et à ouvrir des crédits en compte cou- » rant sur dépôt de ces diverses valeurs. »

Ces opérations de crédit sont représentées, dans le bilan de la Société, par une somme de 13,647,901,07 qui a été avancée aux compagnies. Le Crédit mobilier ne fait donc point d'o- pérations de crédit ; toutes ses affaires consistent *à souscrire ou acquérir* des valeurs publiques ou industrielles, et *à les vendre ou à les échanger.* Ce

n'est point, par conséquent, un établissement de
crédit, comme son titre pourrait le faire croire;
c'est tout simplement une maison faisant le commerce des effets publics et des valeurs industrielles; son titre de Société *générale de Crédit mobilier* n'est qu'une étiquette, n'ayant aucun rapport avec ses opérations.

On voit par là que le seul bénéfice de cette Société consiste dans l'excédant du prix de vente de
ses valeurs sur le prix de leur acquisition, et qu'en
acquérant ces valeurs avec le produit d'obligations, dont l'intérêt et le capital sont invariablement fixés, le Crédit mobilier s'assurait infailliblement non l'augmentation du revenu de ces
valeurs — il ne les garde pas assez longtemps en
portefeuille pour cela — mais leur plus-value,
factice ou réelle.

XVIII

EN QUOI CONSISTENT SES OPÉRATIONS DE SPÉCULATION.

Comme le Crédit mobilier ne spécule que sur
la vente des titres qui passent entre ses mains,
peu lui importe leur revenu; l'essentiel pour lui
est de leur donner une plus-value pendant leur

court séjour dans son portefeuille. C'est en vue de cette plus-value qu'il manœuvre sans cesse, et on sait si, sous ce rapport, il manœuvre bien. C'est donc uniquement pour ne pas nuire à son négoce de titres qu'il tient si secret le contenu de son portefeuille. Vendre au public quatre sous ce qu'il a acheté deux, racheter ensuite au public deux sous ce qu'il a vendu quatre, serait chose tout à fait impossible avec la publicité de ses inventaires. Tels sont, en effet, réduits à leur plus simple expression, le but réel et l'utilité véritable de l'institution du Crédit mobilier.

C'est aussi pour la même raison que toutes les valeurs qui ont été créées ou patronnées par lui ont obtenu, pendant quelque temps, des plus-values phénoménales, et que toutes ont donné, après leur classement, des produits insignifiants — quand elles en donnaient — par rapport à cette plus-value. Le fait est que la plupart de ces valeurs ont aujourd'hui des revenus à peine en rapport avec leur prix d'émission.

Qu'on prenne, par exemple, le cours le plus élevé des actions des chemins de fer de l'Est, de l'Ouest et du Midi ; celui des actions des Gaz, des Omnibus, de la Compagnie maritime, celui des Crédits mobiliers autrichien, espagnol et même français ; celui des actions des chemins de fer russes, autrichiens, suisses, italiens, espagnols, etc., etc.; qu'on compare leur plus-value d'alors à leur prix et à leur revenu d'aujourd'hui ; qu'on calcule la perte énorme en capital et en intérêt faite par les capitalistes qui ont acheté ces diverses valeurs à leur plus haut cours, et l'on pourra comprendre combien *a été utile cette œuvre* du Crédit mobilier, et combien ont été importants les services qu'elle a rendus au public européen.

Le seul fonds social du Crédit mobilier présente en ce moment, sur le prix de 1,800 fr. qui a été atteint par ses actions, une perte de plus de 120 millions (1).

La moyenne annuelle des pertes causées par les ravages de l'incendie, de la grêle et de l'inondation n'atteint pas la moitié de ce chiffre.

XIX

DES OBLIGATIONS DU CRÉDIT MOBILIER.

L'article 7 de ses statuts autorise le Crédit mobilier a émettre des obligations pour une somme dix fois égale à celle de son fonds social, qui est de 60 millions, soit 600 millions.

(1) La hausse de fin septembre réduit en ce moment cette perte à 78 millions pour ceux qui ont conservé leurs actions.

Si le Gouvernement avait autorisé le Crédit mobilier à émettre dès 1852 cette masse d'obligations, opération qui était alors possible, il n'est pas une seule des grandes entreprises pour lesquelles il a ouvert depuis une souscription publique d'actions qu'il n'ait pu fonder lui-même successivement avec les seules ressources provenant de ses 600 millions d'obligations. Par conséquent, il aurait pu encaisser intégralement, à lui seul, la plus-value passagère qu'ont obtenue toutes les actions de ses entreprises, plus-value qui, depuis 1854 jusqu'à 1857, a dépassé 2 milliards. Or, si les actions du Crédit mobilier avaient atteint de ce fait, pendant la période de hausse, une plus-value incommensurable, à laquelle ses obligations n'auraient pris aucune part, quelle valeur auraient actuellement ces dernières depuis la période de baisse? On frémit rien que d'y penser.....

Certes, celui qui a pu concevoir un plan d'accaparement des valeurs aussi vaste que celui de l'omnium, peut très bien ne pas être un financier profond, mais ce plan démontre incontestablement un génie de spéculation dont l'histoire ne fournirait peut-être pas un seul exemple.

Jamais projet de centralisation de la richesse publique aussi grandiose que celui-là n'était sorti encore de la cervelle d'un spéculateur.

XX

DE L'UTILITÉ DU CRÉDIT MOBILIER AU POINT DE VUE ÉCONOMIQUE.

On a dit que le Crédit mobilier avait doté le pays de nos principales lignes de chemins de fer, qu'il avait grandement contribué à relever le crédit des compagnies, et qu'enfin, en concourant soit à leur organisation, soit à leur fusion, il avait rendu à l'industrie des chemins de fer les plus grands services.

Tâchons de faire ressortir la vérité au sujet de cette restauration si coûteuse, et cependant si incomplète encore, du crédit des compagnies de chemins de fer, en rendant à César ce qui appartient à César dans cette restauration, et à la spéculation ce qui doit légitimement lui revenir.

Il a été joué dans cette œuvre de restauration deux rôles bien distincts : le rôle utile et créateur de Raton, qui a été rempli par le Gouvernement, et le rôle accapareur de Bertrand, dont s'est merveilleusement bien acquittée la spéculation.

Ce rôle du Gouvernement s'est d'abord révélé dans la prolongation des anciennes concessions de chemins de fer, dans la division du tracé en deux réseaux, l'un ancien, l'autre nouveau, soumis chacun à un régime financier différent. Les derniers actionnaires ont trouvé un immense avantage à l'adoption de cette mesure ; ils étaient en partie ruinés sans cette séparation des deux réseaux, et la spéculation comptait de nouvelles victimes! C'est cette séparation en deux réseaux qui a préservé momentanément leurs dividendes des graves atteintes que, sans cela, leur aurait portées l'exploitation du second réseau. Le Gouvernement, ensuite, a modifié les cahiers des charges au seul avantage des compagnies ; il leur a accordé des subventions, soit en travaux, soit en espèces, et enfin il a facilité leurs emprunts, dont il a garanti l'intérêt et l'amortissement. Voilà ce que le Gouvernement, c'est-à-dire le budget, c'est-à-dire le pays, voilà ce que tous nous avons fait pour les compagnies, sans aucune compensation, puisque nous n'avons pas encore retiré des chemins de fer le seul avantage que nous puissions en attendre : une baisse dans le prix des objets de consommation, par suite d'une économie sur leurs frais de transport. Non ce n'est pas la mouche du Crédit mobilier, qui, en voltigeant, en tournoyant et en bourdonnant autour du train déraillé de l'industrie des chemins de fer, l'aurait tiré de la fondrière dans laquelle la spéculation, véritable

directrice de la machine, l'avait si bien embourbé ?
Il faudrait vraiment qu'on eût perdu la raison
pour voir dans le Crédit mobilier une espèce de
providence des compagnies de chemins de fer.

Sans doute, le public a gagné, à cette intervention du Gouvernement dans l'exploitation des
chemins de fer, la jouissance de quelques centaines de kilomètres de voies ferrées de plus, lesquelles ont bien leur utilité; mais la spéculation a
fait payer au public trois ou quatre fois le prix de
ces quelques centaines de kilomètres. C'est donc
le public qui a payé les marrons..... et c'est la
spéculation qui les a mangés.

XXI

DE L'UTILITÉ DU CRÉDIT MOBILIER AU POINT DE VUE FINANCIER.

Si maintenant nous nous plaçons à un point
de vue plus élevé pour juger les résultats des opérations du Crédit mobilier, nous verrons qu'en
entraînant le Gouvernement à intervenir dans les
affaires des compagnies de chemins de fer de

toutes ces façons. et à garantir l'intérêt de leurs emprunts, il a amené la création de près de 6 milliards d'obligations qui, présentant aux capitalistes le double avantage d'un intérêt plus élevé que celui des fonds publics et d'un accroissement certain de capital, ont créé une concurrence doublement fâcheuse aux rentes sur l'État, et ont porté ainsi une grave atteinte à son crédit.

Nos financiers sont plaisants en vérité quand, en lorgnant les consolidés, qui ne sont séparés de notre 3 p. 0/0 que par un pas — de Calais, il est vrai — ils s'étonnent de voir ce 3 p. 0/0 à 70 quand les consolidés sont à 94.

Mais, braves gens! que le Gouvernement anglais, suivant vos théories, crée aussi en obligations, pour venir en aide à ses compagnies de chemins de fer, une somme égale à la moitié de sa dette, et vous verrez si les consolidés, quelque élastiques qu'ils soient, ne confraternisent pas bientôt avec votre 3 p. 0/0 au cours de 70.

Aussi le cours du 3 p. 0/0 a-t-il été toujours faiblissant depuis l'avénement du Crédit mobilier, à mesure que le nombre des obligations en circulation a augmenté, et Dieu sait à quel cours ce fonds serait descendu si l'on n'avait pas suspendu l'émission des dernières obligations trentenaires !

En donnant aux valeurs industrielles une plus-value factice, qui n'a jamais été justifiée par une augmentation correspondante de leur revenu, le Crédit mobilier n'a pas seulement enlevé à la production nationale un capital égal à cette plus-value artificielle, mais il a fourni ainsi aux capitalistes étrangers qui avaient placé leurs fonds dans nos entreprises, et qui ne pouvaient espérer recueillir jamais de ce placement un revenu en rapport avec une plus-value aussi considérable, l'occasion de retirer leurs fonds de notre industrie en réalisant un bénéfice énorme à nos dépens.

———

Mais ce n'est pas tout : pendant qu'il concourait à donner par cette plus-value factice une prime d'encouragement au retrait des capitaux étrangers placés dans nos affaires, le Crédit mobilier excitait en même temps, et par les mêmes moyens, à l'émigration des capitaux indigènes; il les entraînait en Russie, en Autriche, en Allemagne, en Suisse, en Italie, en Espagne, dans toute l'Europe enfin. Partout où l'argent manquait, il allait fonder des entreprises de toute sorte avec nos forces productives, aux dépens de capitalistes trop peu patriotes et au détriment de la richesse du pays.

Or, quel moment choisissait-on pour éparpiller ainsi par milliards les richesses de la France à travers l'Europe? Juste le moment où il devenait de plus en plus difficile de nous procurer de l'argent pour terminer notre réseau de chemins de fer; juste le moment où l'on préparait le traité de commerce avec l'Angleterre; où les capitaux nous étaient le plus nécessaires par conséquent pour nous préparer à cette grande lutte industrielle des nations qu'allait inaugurer la liberté commerciale.

Puis l'on s'étonne des crises industrielles et financières qui ont suivi immédiatement l'avénement du traité de commerce; mais il faudrait s'étonner au contraire s'il en avait été autrement.

Pauvre commerce, pauvre industrie!... riche spéculation!

XXII

LES STATUTS DU CRÉDIT MOBILIER.

L'art. 5 des statuts du Crédit mobilier indique et délimite les opérations qu'il est autorisé à faire, et qui sont celles-ci :

Les opérations de la Société consisteront :

« 1° A souscrire ou à acquérir des effets publics, des actions ou des obligations dans les différentes entreprises industrielles ou de crédit constituées en sociétés anoymes, et notamment dans celles des chemins de fer, de canaux, de mines et d'autres travaux publics déjà fondés ou à fonder ;

» 2° A émettre pour une somme égale à celle employée à ces souscriptions et acquisitions ses propres obligations ;

» 3° A vendre ou donner en nantissement d'emprunt tous effets, actions et obligations acquis, et à les échanger contre d'autres valeurs ;

» 4° A soumissionner tous emprunts, à les céder et à les réaliser ainsi que toutes entreprises de travaux publics ;

» 5° A prêter sur effets publics, sur dépôts d'actions et d'obligations, et à ouvrir des crédits en compte courant sur dépôt de ces diverses valeurs ;

» 6° A recevoir des sommes en compte courant ;

» 7° A opérer tous mouvements pour le compte des compagnies susénoncées, à payer leurs coupons d'intérêt ou de dividendes, et généralement toutes autres dispositions ;

» 8° A tenir une caisse de dépôt pour les titres de ces entreprises. »

Y a-t-il, dans cette nomenclature d'opérations diverses, une phrase, un mot, une lettre qui puisse faire supposer que le Crédit mobilier a la faculté, nous pourrions dire la licence de pratiquer toutes ces opérations en pays étrangers ? Évidemment pareille supposition n'est pas possible, attendu qu'en matière de statuts anonymes tout ce qui n'est pas spécialement permis est défendu.

Or, l'art. 6 des statuts du Crédit mobilier disant : « toutes autres opérations que celles mentionnées dans l'article 5 sont interdites; » il s'ensuit qu'il n'avait pas le droit de fonder des sociétés industrielles à l'étranger, puisqu'elles ne sont pas mentionnées dans l'article 5, et que toutes celles qu'il y a organisées ou dans lesquelles il a pris des intérêts, constituent autant d'infractions à ses statuts; cependant on l'a laissé faire.

Pourquoi, en ce qui concerne les opérations à l'étranger, les statuts du Crédit mobilier ne s'expliquent-ils pas aussi nettement, aussi clairement que ceux du Comptoir national, qui s'expriment ainsi :

« Les opérations du Comptoir consistent :

» 1° A escompter les effets de commerce payables à Paris, dans les départements et à l'*étranger*...

» 2° A faire des avances sur rentes *françaises*, actions ou obligations d'entreprises industrielles ou de crédit constituées en sociétés anonymes *françaises*.....

» 3° A se charger de tous payements et recouvrements à Paris, dans les départements et à l'é-
tranger (1).....

» 4° A ouvrir toute souscription à des emprunts,
publics ou autres, et pour la réalisation de toutes
sociétés anonymes, mais toujours *pour le compte
de tiers et moyennant commission convenue.* —
Ceux-là, n'étant pas spéculateurs, n'achètent pas
pour leur propre compte, — sous cette réserve,
*qu'aucune souscription pour des emprunts sur
fonds étrangers ou pour la réalisation de sociétés
étrangères*, ne pourra avoir lieu SANS L'AUTORISA-
TION DU MINISTRE DES FINANCES. »

XXIII

DIFFÉRENCE ENTRE SON MODE D'OPÉRER ET CELUI DU COMPTOIR NATIONAL.

On voit, par l'énoncé statutaire des opérations
faites par le Comptoir national et par le Crédit
mobilier, que ces opérations sont exactement les

(1) Ces deux adjectifs, *étranger* et *français*, ne figurent pas
une seule fois dans les statuts du Crédit mobilier, bien qu'il fasse
cent fois plus d'opérations à l'étranger que n'en faisait le Comptoir national avant l'établissement de ses comptoirs coloniaux.

mêmes, et que la seule différence qu'il y a dans la manière d'opérer de ces deux établissements consiste en ce que le Comptoir national, en n'opérant uniquement que pour le compte de tiers et moyennant commission convenue, rend réellement service au public, tandis que le Crédit mobilier, en opérant uniquement pour son propre compte, ne rend de services *importants* qu'à lui-même.

Or, si l'on comprend jusqu'à un certain point que le Gouvernement accorde des priviléges dans le but d'en faire profiter les intérêts généraux du pays, on ne comprend plus qu'un Gouvernement en concède au seul avantage d'intérêts particuliers. Quel est l'intérêt général en matière de placements de fonds ? c'est que le commerce des effets publics se fasse au meilleur marché possible. Quel est l'intérêt du Crédit mobilier ? c'est de vendre, au contraire, ces effets le plus cher possible au public ; et c'est parce qu'il y a trouvé cet intérêt qu'il a employé tout son crédit, toute son influence à faire hausser toutes les valeurs qui lui ont passé par les mains, lesquelles font subir aujourd'hui des pertes considérables aux derniers détenteurs, qui ne trouvent point dans ces valeurs, en compensation des hauts prix qu'ils ont payés, un revenu justement rémunérateur.

Que nos capitalistes jouissent de la liberté entière de porter leur force productive partout où bon leur semble, certes ce n'est pas nous qui conseillerons jamais d'entraver, en quoi que ce soit, cette liberté ; mais accorder à une institution de crédit française un privilége qui excite à l'émigration nos capitaux, concourt ainsi à l'affaiblissement de nos forces productives au lieu de les développer, et augmente d'autant celles de nos voisins, juste au moment où l'on met en pratique le principe de la liberté des échanges entre les nations, c'est au moins de l'inconséquence.

Nous avons jugé d'après ses fruits l'arbre de la science économique et financière du Crédit mobilier ; il nous reste à examiner encore, pour compléter cette étude, sa situation financière, ce qui ne sera pas facile, puisque le Crédit mobilier ne publie pas de situation mensuelle, ne produit aucun inventaire et n'admet pas même au contrôle de ses opérations ses assemblées générales d'actionnaires, pour des raisons que ses administrateurs n'ont pas besoin de leur exposer.

—

XXIV

DES INVENTAIRES ET DES DIVIDENDES.

D'abord, est-il régulier, est-il raisonnable de distribuer un dividende, d'après l'inventaire, *à un jour donné*, de titres dont la valeur est constamment variable, avant que cette valeur ne soit réalisée ? Le Crédit mobilier, d'après ce que nous enseigne ses statuts et son compte rendu, n'est, après tout, qu'une maison de négoce, faisant principalement, en gros et en détail, le commerce des actions et des valeurs industrielles ; son bénéfice principal consiste, par conséquent, dans l'excédant du produit des ventes de titres sur la dépense de leur achat. Le renseignement le plus essentiel, celui que devrait donner, avant tout, le compte rendu, est donc le chiffre détaillé des opérations de toute nature faites pendant l'exercice, et le profit ou la perte qui est résulté de ces opérations. Eh bien ! il n'en est pas plus question dans les bilans et dans les rapports, que s'il n'en avait pas été fait une seule dans toute l'année.

Quant au stock de 95 millions de valeurs restées en magasin, ce stock ne peut représenter, selon nous, jusqu'au jour de sa réalisation, que son prix d'achat, et même, en cas de plus-value, il ne peut donner lieu, avant cette réalisation, à la distribution d'aucun dividende, puisqu'il est impossible de prévoir à l'avance en quel temps et à quel prix ce stock sera réalisé.

En bonne règle, le dividende *distribuable* du Crédit mobilier ne doit être établi que sur le résultat acquis d'opérations terminées, et sur le revenu seul des valeurs qu'il a en portefeuille ; l'on s'expose évidemment à payer le dividende sur le capital, en prenant pour base de cette distribution la plus-value non réalisée de ces mêmes valeurs (1).

Ce dividende distribué par MM. les administrateurs, lequel ne provient pas seulement de résultats acquis, mais principalement de résultats pressentis pour l'avenir, n'est donc purement et simplement, à l'époque où il est distribué, qu'un dividende arbitraire, qu'il appartient seul à l'avenir de justifier. Or, dans ce système, il devient absolument nécessaire, pour pouvoir apprécier au moins approximativement la situation financière

_____

(1) Le regard perçant du sphynx de la spéculation n'est point arrêté par tous ces obstacles : il pénètre très facilement au fond des ténèbres où gisent les dividendes du Crédit mobilier, il peut en prédire le chiffre six mois à l'avance, et faire monter ainsi ses actions de 400 fr. en une semaine.

du Crédit mobilier, de produire à côté des évaluations de l'inventaire pour l'exercice courant, les évaluations des inventaires antérieurs, afin de pouvoir reconnaître si les prévisions de MM. les administrateurs se sont réalisées, et s'il n'y a pas lieu de rectifier, dans le dernier bilan, les évaluations du précédent, que n'auraient point ratifiées les événements survenus depuis la distribution du dernier dividende.

C'est, du reste, ce que fait le gouvernement, qui établit aussi son budget par prévision de recettes et dépenses, comme le Crédit mobilier établit par prévision le prix auquel seront réalisées les valeurs qu'il a en portefeuille et le dividende qui doit en résulter. Or, le Gouvernement rectifie tous les ans, dans le budget suivant, ses précédentes évaluations lorsque ses prévisions ne se sont pas réalisées, et nous ne comprenons pas pourquoi le Gouvernement affranchirait les sociétés anonymes qu'il patronne des règles d'ordre et de comptabilité qu'il s'impose à lui-même.

Tant va la cruche à l'eau, dit le proverbe, que, selon que la chance est bonne ou mauvaise, elle s'emplit ou se brise ; et c'est pour que le public sache toujours à quoi s'en tenir sur la véritable situation du Crédit mobilier, qu'il serait essentiel que MM. les administrateurs voulussent bien montrer tous les mois ce qu'il y a au fond de leur cruche.

Encore un mot sur ce placement de 95 millions. Supposons qu'il soit entièrement composé de rentes sur l'État ; admettons que ces rentes soient cotées, dans l'inventaire, au cours de 70, et qu'à ce cours de 70 il y ait un dividende de 6 millions à distribuer. L'année suivante, le montant des opérations ne varie pas, le chiffre des rentes en portefeuille reste le même, et on les évalue au même cours de 70 : y aura-t-il encore, en ce cas, un dividende de 6 millions, et ainsi de suite, tous les ans, tant qu'on fera le même chiffre d'affaires, et qu'il y aura 95 millions de rentes en portefeuille, cotées au cours de 70 fr.? Nous nous sommes laissé dire qu'en opérant ainsi, ce placement de 95 millions serait mangé en moins de 15 ans.

Nous demandons bien pardon à MM. les administrateurs de leur adresser cette question, qui leur paraîtra sans doute bien naïve, mais nous sommes si peu expérimentés en matière de finances et de comptabilité, que nous ne pouvons pas comprendre comment, en établissant ainsi leurs bilans, depuis l'origine de la Société, MM. les administrateurs du Crédit mobilier peuvent se reconnaître aujourd'hui dans leur situation financière.

XXV

DES DÉPOTS EN COMPTE COURANT.

Revenons aux autres comptes.

Voilà donc une société qui reçoit 82 millions en dépôts ou en comptes courants, et qui les immobilise en valeurs plus ou moins facilement réalisables, soit. Mais avec quoi va-t-elle faire maintenant le service de ces comptes courants, dont le crédit total s'élève bien à 82 millions au 31 décembre, mais qui varie chaque jour et peut être réduit à 40 millions, plus ou moins, dans un, deux ou trois mois ? Elle sera bien obligée alors de réaliser, coûte que coûte, une partie de ses valeurs. Il est donc évident qu'en employant ainsi le capital de ses dépôts, le Crédit mobilier est sans cesse sous le coup de la vente forcée d'une partie de ses valeurs, qu'il perd ainsi toute liberté d'action, se trouve entièrement à la discrétion des événements, et qu'au lieu d'être toujours maître de sa situation, comme cela devrait être, il est, par le fait, constamment dominé par elle. Ce ne sont donc plus MM. les administrateurs qui le dirigent, c'est le hasard.

Il résulte clairement du seul fait des 82 millions de dépôts immobilisés en rentes, en actions et en obligations, dont M. le rapporteur ne peut donner le détail pour des motifs qu'il n'a pas besoin d'exposer, que le Crédit mobilier est forcé de soumettre ses actes les plus importants aux exigences aléatoires de la hausse ou de la baisse, sur lesquelles le calcul et la prévoyance n'ont aucune prise, et qu'on peut dire en conséquence que la direction de cette Société reste sans guide possible, quelle que soit l'habileté de ses administrateurs.

XXVI

DE L'EMPLOI DES FONDS PROVENANT DES DÉPOTS.

Supposons un instant que les 82 millions déposés en comptes courants soient intégralement représentés par des acceptations de banque ou autres effets de commerce, incessamment échangeables contre espèces, et que ces 82 millions soient mis ainsi à l'abri de toutes chances de perte, n'est-il pas évident que la Compagnie, ne pouvant plus éprouver, par ce moyen, aucun embarras pour le service de ses comptes courants, ne serait plus jamais forcée de vendre ses valeurs

de portefeuille à perte? que n'ayant plus d'immobilisé que son fonds social — limite extrême
qu'il est toujours imprudent de dépasser — elle
reste complétement libre de tous ses mouvements,
puisqu'elle peut toujours attendre qu'une occasion favorable lui permette d'opérer ses réalisa-
tions? Dans cette nouvelle position, le Crédit
mobilier n'est plus exposé à perdre que sur des
affaires mal conçues ou mal comprises, mais trai-
tées en toute liberté et en parfaite connaissance
de cause, tandis qu'il fait journellement des
pertes par suite de circonstances tout à fait étrangères à sa bonne ou mauvaise administration, et
dépendantes uniquement de la fausse position
dans laquelle on l'a placé.

C'est aux pertes journalières causées par cette
position fausse, et non à son inhabileté administrative, qu'il faut surtout attribuer l'exiguité des
dividendes du Crédit mobilier depuis son origine.

XXVII

AVANTAGES DE LA PUBLICITÉ DES COMPTES.

Quel danger y aurait-il pour le Crédit mobilier,
s'il était dans la situation favorable que nous

venons de décrire, à donner à toutes ses opérations la plus grande publicité possible? MM. les administrateurs pensent-ils que la publication d'un compte rendu *détaillé* de cette situation exercerait sur les actionnaires, sur les déposants et sur l'opinion publique une influence moins favorable au crédit de leur entreprise, que la situation *non détaillée* qu'ils présentent aujourd'hui? Si le Crédit mobilier dirige ses opérations de manière à *favoriser le développement de l'industrie*, quel avantage peut-il avoir à cacher au public et à ses actionnaires les procédés qu'il emploie pour atteindre ce noble but?

La publicité de ses comptes et de ses opérations n'est-elle pas le moyen le plus efficace d'attirer à lui la confiance du public et le concours des capitalistes? Peut-il exister un meilleur moyen que celui-là de fonder son crédit sur des bases solides? Si donc ses administrateurs renoncent à la publicité et taisent les détails de leur situation financière, n'est-on pas autorisé à penser, lors même que ce ne serait pas, qu'ils négligent les intérêts généraux, pour le bien desquels seuls le Gouvernement a pu leur accorder un privilége?

XXVIII

CONCLUSION.

Depuis trop longtemps déjà, la spéculation vend au public la peau d'ours qui courent encore; qu'elle se décide enfin à commencer par les jeter par terre avant de trafiquer de leurs dépouilles. Marchons avec notre époque; le temps de traiter les affaires pour leur donner prématurément une plus-value factice est passé, et le temps est venu de les traiter et de les administer sérieusement, pour en retirer de réels produits, qui puissent réparer nos désastres financiers et industriels, dont la seule cause a été cette plus-value factice.

Mais puisque nous avons besoin, pour organiser et pour faire marcher les affaires, du concours du public, au moins administrons-les un peu dans son intérêt, et répondons aux marques de noble confiance qu'il nous donne en mettant ses capitaux à notre service, en lui disant toute la vérité dans nos comptes rendus.

Notre tâche est terminée. Peut-être quelques lecteurs, portés naturellement à l'optimisme, trouveront notre critique un peu sévère; notre conscience nous dit qu'elle n'a été que juste. Mais si, malgré notre désir ardent d'être toujours vrai, nous nous étions trompé dans nos appréciations, ah! qu'on n'hésite pas à nous signaler nos inexactitudes. Étranger à toute coterie politique ou financière, exempt de toute prévention contre les idées ou contre les personnes, nous mettrons toujours non moins d'empressement à réparer nos erreurs que nous mettrons de persévérance à proclamer ce que nous croyons être la vérité.

Si nous avons attaqué avec vigueur la spéculation, c'est parce que nous avons la conviction profonde qu'elle seule est la véritable cause des crises financières, industrielles et commerciales qui affectent si gravement de nos jours la richesse nationale, et parce que nous la voyons envahir de plus en plus toutes les classes aisées de la société, qui ne sont plus, comme au siècle d'Auguste ou de Tacite, serviles par ambition, mais bien serviles par spéculation.

Omnia serviliter pro speculatione.

QUATRIÈME PARTIE

SOCIÉTÉ GÉNÉRALE DE CRÉDIT CIVIL.

NOTE EXPLICATIVE.

La crise qui sévit en France et dans les divers États de l'Europe, depuis bientôt cinq ans, semble augmenter encore d'intensité.

Cette crise, survenue au milieu de la paix, à la suite d'abondantes récoltes, lorsque tout faisait présager une situation des plus prospères, démontre l'existence d'un profond désordre dans la distribution du crédit et dans la circulation des capitaux.

Jamais crise, en effet, ne fut aussi longue, aussi désastreuse que celle-là, et cependant jamais les capitaux disponibles n'ont été plus abondants qu'aujourd'hui.

Cette situation anormale provient, selon nous, de ce que toutes les institutions financières créées jusqu'à présent ont toujours adopté pour unique base de leurs opérations le crédit commercial, crédit *à court terme*, qui ne peut convenir qu'au commerce et à la spéculation.

La spéculation a pris alors un développement hors de toute proportion avec le besoin réel des transactions sérieuses ; elle a déplacé, au grand détriment de la production et au seul profit de quelques spéculateurs privilégiés, des capitaux immenses, a jeté ainsi la perturbation dans toutes les fortunes et produit la crise actuelle. C'est donc dans le développement désordonné de la spéculation qu'il faut chercher la cause originaire du déplorable état dans lequel sont tombées les affaires; elle n'est point ailleurs. Les complications de la politique n'ont eu sur cette situation qu'une influence très secondaire : jamais les affaires n'ont été plus actives en France que pendant la guerre de Crimée.

Sans méconnaître les services considérables que le crédit commercial rend à l'échange et à la circulation des produits, il faut cependant constater qu'au point de vue du grand œuvre de la production, ce mode de crédit n'a qu'une importance de second ordre. En effet, il importe avant tout au bien-être des masses d'exciter le plus possible le travail et le capital à cette production dont la spéculation les détourne, d'activer et d'utiliser toutes les forces productives, de faire fructifier, en un mot, tous les éléments de la richesse. Or, le seul agent qui puisse mettre en mouvement toutes ces forces et féconder tous ces éléments, est le *crédit civil et à long terme*, le *crédit sur nantissement;* c'est à lui qu'est dévolu ce rôle de premier ordre dans l'œuvre de la production des richesses.

Ainsi, au crédit commercial à court terme la tâche d'activer la circulation des produits, de faciliter leur échange et leur répartition; mais au crédit civil et *à long terme* le rôle plus important d'activer la création des produits, de les multiplier, de les perfectionner, d'augmenter, en définitive, le bien-être des peuples.

Eh bien! si le crédit à court terme a subi, de nos jours, une extension qui dépasse, dans une forte proportion, les besoins du commerce réel et de la spéculation sérieuse, le crédit civil sur nantissement, celui qui répond au besoin le plus général aujourd'hui, que par suite de la diffusion des effets publics entre toutes les classes sociales, chacun se trouve plus ou moins engagé dans le grand mouvement des affaires, le crédit civil, disons-nous, est encore à créer, car s'il existe, c'est dans un cercle d'opérations si restreint et dans des conditions de remboursement tellement étroites et difficiles, qu'il est impossible d'user de ce mode de crédit avec quelque sécurité dans les opérations de longue haleine.

En effet, les prêts sur nantissement ne se font que pour trois mois; or, à quoi peut-on employer un capital qu'il faut rembourser au bout de trois mois, si ce n'est à des achats de marchandises ou à des consignations, à des opérations d'escompte ou de change, et enfin à des spéculations de Bourse?

Il n'existe donc, à vrai dire, aucun moyen de crédit pour les possesseurs d'effets publics qui ne sont ni commerçants ni spéculateurs, et qui cependant prennent part au grand œuvre de la production, dans lequel les capitaux sont nécessairement immobilisés plus ou moins longtemps; ils sont obligés alors de renoncer aux affaires ou de se décider soit à vendre leurs titres, soit à les mettre en reports à la Bourse, ce qui tend à multiplier sur le marché les offres d'effets publics, à empêcher par conséquent le cours des valeurs de s'élever et l'intérêt de l'argent de baisser; car ces deux mouvements s'opèrent toujours simultanément, en sens inverse l'un de l'autre.

Il ne faut pas s'y tromper : la masse du public capitaliste tend à intervenir de plus en plus directement dans les affaires, c'est-à-dire dans le placement direct de ses capitaux. C'est à ce public que s'adressent déjà directement les Gouvernements pour leurs emprunts, les compagnies pour l'exécution des grands travaux d'utilité générale, etc. C'est donc pour ce public qu'il faut songer à établir des institutions de crédit, si l'on veut venir en aide au grand mouvement industriel de l'époque. Il existe actuellement assez d'établissements de crédit dans l'intérêt exclusif des commerçants et des spéculateurs pour qu'on puisse, sans inconvénient pour eux, en créer de nouveaux au profit des producteurs et des capitalistes.

Mais pour que ces derniers puissent mettre à profit ces nouvelles institutions de crédit, il faut qu'elles fassent des prêts sur nantissement remboursables à longues échéances et par annuités. Alors l'épargne devenant plus facile, les capitaux et la richesse publique s'accumuleront plus promptement; alors le crédit, en devenant accessible à tous les besoins du travail national, ramènera naturellement la régularité dans la circulation des capitaux, l'ordre et l'activité dans les affaires.

Tel est le problème que nous nous sommes posé et que nous croyons avoir résolu par la combinaison financière que nous allons exposer. Mais expliquons d'abord ce qui distingue le capital *monétaire* du capital de *placement*, et la différence qui existe entre le mode de circulation particulier à chacun d'eux.

Le capital *monétaire* simplifie et facilite l'échange des produits entre eux, en servant de terme de comparaison et d'équivalent à leur valeur. Il se transforme sans cesse·de monnaie en marchandise et de marchandise en monnaie, et *circule* conséquemment par le seul fait de sa *transmission*.

Le capital de *placement*, au contraire, s'immobilise dans le travail auquel il est associé. Il ne peut redevenir disponible et passer en d'autres mains, *ou circuler* qu'au fur et à mesure que les revenus ou les produits qu'il procure, accumulés successivement par son détenteur, permettent de le rembourser. Contrairement au capital *monétaire* qui circule par la *transmission*, le capital de *placement* ne peut *circuler* que par *l'épargne*.

Il ne faut pas confondre non plus la circulation des *titres* représentant le capital de placement avec la circulation du *capital réel*.

Un propriétaire emprunte 1,000 fr. pour drainer son champ, et souscrit une obligation de 1,000 fr. Cette obligation pourra changer de main dix fois par jour, sans que le capital *réel* dépensé en drainage puisse changer de champ avant plusieurs années ; car ce n'est que par l'augmentation des produits du champ obtenue à la suite du drainage que le capital pourra se reformer successivement et être rendu à la circulation.

La circulation du capital *réel* de *placement*, du capital immobilisé en rentes sur l'Etat par exemple, ou en effets publics de toute nature, ne peut donc s'opérer que par l'accumulation successive des produits que procure ce capital, c'est-à-dire par *l'épargne*, ou, pour nous servir d'une expression consacrée, par *l'amortissement*.

Il faut, par conséquent, conclure de ce qui précède que les procédés employés aujourd'hui par les banques pour faciliter, pour activer la circulation du capital *monétaire*, ne peuvent ni faciliter ni activer en rien la circulation du capital de *placement*, et que le système de prêt remboursable par annuités peut seul résoudre cet important problème ; lui seul peut organiser l'épargne sur l'échelle la plus vaste et contribuer ainsi plus efficacement qu'aucun autre système de crédit au développement et à l'accumulation des richesses publiques.

I

DES OPÉRATIONS DE LA SOCIÉTÉ GÉNÉRALE DE CRÉDIT CIVIL.

Nous avons dit que les opérations actuelles de crédit sur dépôt de titres ne se font que pour trois mois ; elles peuvent se renouveler, il est vrai, éventuellement de trois mois en trois mois, mais à la seule volonté du prêteur, de sorte que l'échéance trimestrielle reste constamment suspendue sur la tête de l'emprunteur comme une autre épée de Damoclès.

On comprend très bien qu'en présence de conditions aussi dangereuses, tous ceux qui ont besoin de crédit pour plus longtemps hésitent à recourir à ce mode d'emprunt, et c'est pour cela que la somme prêtée sur dépôt de titres est si peu importante comparativement à la masse des capitaux placés en effets publics.

Mais si, au contraire, une caisse générale de crédit opérait en sens inverse des banques actuelles ;

Si, par exemple, après avoir prêté une somme pour cinquante ans, elle laissait à l'emprunteur la faculté de se libérer *à telle époque qui lui conviendra,* de rentrer par conséquent dans la possession de son titre *quand il voudra,* de manière à pouvoir toujours le réaliser, *s'il le veut,* dans le moment le plus favorable à la vente ;

Si, moyennant l'abandon, pendant ces cinquante années, du revenu du titre qu'il a laissé en dépôt, le débiteur pouvait non-seulement acquitter les intérêts de la somme qu'il a empruntée, mais encore rembourser le capital lui-même, de telle sorte que, son emprunt une fois effectué, il n'ait plus jamais à se préoccuper ni du payement des intérêts, ni du remboursement du capital ;

Si enfin, pour jouir de tous ces avantages inconnus aux débiteurs actuels, il n'avait pas à supporter une commission an-

nuelle plus forte que celle perçue par les banques pour le renouvellement de leur crédit pendant une année, il est bien certain
qu'il n'y aurait plus aucune hésitation possible pour tous ceux
qui auraient besoin d'emprunter à long terme, et que les prêts
sur dépôt de titres, faits dans ces conditions, prendraient une
extension énorme. Eh bien! notre Société présentera tous ces
avantages.

Or si, dans les mauvaises conditions actuelles du prêt sur dépôt de titres, le chiffre total des emprunts, sans compter les reports à la Bourse, dépasse 400 millions par année, on peut prévoir dans quelle proportion ce chiffre serait dépassé par le système que nous proposons. Il est évident, en effet, que les emprunts
n'auraient d'autres limites que celles des capitaux dont la caisse
pourrait disposer.

II

EXPLICATION DU MÉCANISME DES OPÉRATIONS DE LA SOCIÉTÉ.

Supposons une demande d'emprunt sur le dépôt d'un titre de
1,000 fr. de rente en 3 0/0. Voici comment la Société opérera :

Elle capitalisera d'abord à 4 0/0 les 1,000 fr. de rente, ce
qui portera à 25,000 fr. la valeur réelle qu'elle aura en garantie,
et elle prêtera 66 0/0 de cette valeur, soit 16,500 fr. (1).

Une partie de la rente, soit 825 fr., sera affectée au payement
des intérêts, à raison de 5 0/0 par an, de la somme de 16,500 fr.,
et les 175 fr. restant seront appliqués à l'amortissement de
cette somme. Or, il faut cinquante annuités de 175 fr. (commission comprise) pour reconstituer un capital de 16,500 fr., en
calculant les intérêts composés de chaque annuité à 3 0/0.

L'emprunteur pourra donc se libérer, capital, intérêt et commission, des 16,500 fr. qu'il aura empruntés, en abandonnant
à la caisse le revenu de sa rente de 1,000 fr. pendant cinquante

---

(1) Le chiffre de 66 0/0 n'est pas absolu. L'expérience et la pratique apprendront si l'on peut sans inconvénient augmenter ou restreindre cette proportion en prolongeant ou en diminuant la période
de remboursement.

années, et cela sans jamais avoir à s'inquiéter du payement des intérêts ni du remboursement du capital.

Si, au lieu d'attendre pendant cinquante ans, l'emprunteur veut au contraire se libérer, trois mois, six mois, un an après la réalisation du contrat, soit parce qu'il lui sera survenu dans l'intervalle d'autres ressources, soit parce que le moment lui paraîtra opportun pour rembourser dans de bonnes conditions, il en donnera avis à la Société, qui liquidera immédiatement l'opération.

Par conséquent, en traitant avec la Société pour un prêt de cinquante ans de durée, l'emprunteur doit avoir principalement pour but de s'assurer contre toutes les éventualités d'un remboursement prochain, qui pourrait le jeter dans l'embarras par suite d'événements impossibles à prévoir au moment de l'emprunt, car il a toujours la facilité de se libérer avant le délai fixé par le contrat, et d'opérer son remboursement anticipé, en totalité ou en partie, toutes les fois qu'il trouve les circonstances favorables.

On voit que la Société devant se rembourser avec le revenu accumulé du titre pendant cinquante années, le revenu est pour elle la base principale de sa garantie. Que les cours de la rente soient en hausse ou en baisse, peu lui importe ; son remboursement est assuré, quoi qu'il arrive, par les arrérages. Comme elle n'a en effet avancé que cinquante années d'arrérages, elle a la garantie infaillible qu'à moins d'une banqueroute de l'Etat elle sera remboursée en cinquante ans.

Les crises qui frappent principalement sur la valeur vénale des titres ne peuvent donc exercer aucune influence fâcheuse sur la garantie de la Société ; elle n'a rien à en redouter. Dès lors, lorsque les crises se déclarent, elle peut, si elle veut, multiplier ses avances en raison des besoins plus pressants et plus nombreux qui se font sentir dans les affaires. Elle peut alors leur venir en aide sans courir aucun risque, et elle contribue ainsi puissamment, en étendant ses opérations dans les temps difficiles, à pallier, à atténuer les crises, au lieu de les aggraver en restreignant ses crédits, comme sont obligées de le faire toutes les banques actuelles.

En ce qui concerne les actions et les obligations industrielles, la Société opère de la même façon, c'est-à-dire qu'elle base la quotité de ses avances sur la capitalisation du revenu qui servira à les rembourser ; seulement elle capitalise ce revenu à 5 0/0 pour les obligations, et à 6 0/0 pour les actions.

Mais le revenu des actions étant variable, elle prendra pour la capitalisation de ces dernières leur produit moyen pendant les deux dernières années. Dans le cas où le revenu des années suivantes dépasserait cette moyenne, l'excédant serait remis à l'emprunteur ; si, au contraire, le revenu était au-dessous de cette moyenne, le débiteur devrait en parfaire la différence à la caisse.

L'appréciation de la valeur vénale qui sert de base aux prêts actuels sur dépôts de titres est chose très difficile, pour ne pas dire impossible pour les banques, avec la plus-value factice que donne aux valeurs la spéculation.

La Société générale de crédit, en prenant pour base de l'évaluation de ses avances le revenu d'une action ou d'une société, ne s'exposera à aucune des chances que courent les autres banques en prenant pour base de la quotité de leurs avances la valeur cotée à la Bourse.

Sans doute elle ne devra pas agir ainsi dès son début, si elle veut établir son crédit sur des bases solides. Les rentes sur l'Etat et les obligations de chemins de fer devront d'abord servir d'aliment à ses opérations. Ce n'est que successivement et lorsqu'elle aura fait ses preuves pendant plusieurs années qu'elle pourra alors étendre graduellement son crédit aux autres valeurs industrielles. Ce n'est pas, certes, qu'avec son système elle ait de grandes chances de pertes à courir, car elles sont presque nulles ; mais c'est uniquement pour respecter un préjugé tellement enraciné dans l'opinion publique actuelle, qu'elle ne pourrait essayer de le heurter de front sans s'exposer à un discrédit général.

III

DU CAPITAL ALIMENTAIRE DE LA CAISSE. — COMMENT ELLE PEUT RENOUVELER CE CAPITAL.

Le fonds social de la Société, quelque considérable qu'il fût, n'offrirait pas de grandes ressources au public, ni de bien gros bénéfices à ses ac .onnaires, si, une fois employé en avances pour cinquante années, il ne rentrait à la Caisse qu'à raison d'un cinquantième par an. Il sera donc de toute nécessité, pour la Société, de trouver un capital alimentaire en dehors de son fonds social. Or, comme toutes les autres institutions financières, c'est au crédit qu'elle devra le demander, et, comme on va le voir, il lui sera facile de l'obtenir.

Quelle garantie présentera aux prêteurs le capital employé dans les opérations de la Société ? Là est toute la question.

Nous avons dit que la Société générale de crédit capitalise à 4 p. 100 les rentes sur l'Etat, et à 5 p. 100 le revenu des obligations de chemins de fer, qui lui sont données en garantie ; qu'elle avance 66 p. 100 de la valeur ainsi capitalisée, et qu'elle se rembourse de cette avance (capital, intérêts et commission) en cinquante années avec *le revenu* du titre laissé en dépôt chez elle pendant ce laps de temps. La Société a donc toujours en garantie, soit en rentes sur l'Etat, soit en obligations de chemins de fer, une valeur excédant d'un tiers au moins celle qu'elle a avancée. Par conséquent, en émettant des obligations pour le montant des sommes qu'elle a prêtées à un intérêt égal à celui des valeurs qu'elle a en dépôt, le porteur de ces obligations touche un intérêt égal à celui que rapportent la rente ou les obligations, et il a entre les mains une garantie *minimum* excédant d'un tiers celles qu'offrent ces mêmes valeurs au public. En outre, il a la garantie du fonds social de la Société, lequel est placé de la même façon que le capital provenant de ses obligations. Bien mieux, la Société pourra déposer à la Banque de France, en garantie de ses obligations, une valeur en rentes sur l'Etat ou en obligations de chemins de fer toujours égale au montant de chacune de ses émissions.

Les obligations de la Société générale de crédit ne seront pas, comme celles des chemins de fer, remboursables au bout d'un siècle, mais en dix ou quinze ans, et à jour fixe ; leur remboursement ne sera pas subordonné non plus, comme pour celles des chemins de fer, à la rentrée plus ou moins certaine d'un capital soumis à une foule de chances aléatoires, mais bien au *revenu fixe et assuré* des titres qu'elle aura en dépôt.

Ainsi, par exemple, quand les chemins de fer ne rembourseraient pas à l'échéance les obligations sur lesquelles la Société aurait fait des avances, elle pourrait encore rembourser les siennes avec *les seuls intérêts* des obligations de chemins de fer qui lui auraient été données en dépôt, bien que ces obligations n'aient pas été remboursées aux époques indiquées pour le tirage.

Plus on examinera attentivement cette manière d'opérer, plus on se convaincra que ce système de crédit, d'une simplicité extrême, n'est soumis à aucune espèce de chances aléatoires, qu'il repose sur les bases les plus solides et sur les garanties les plus positives ; que, par conséquent, sans tenir compte des avantages spéciaux qu'elles pourront avoir comme revenu, les obligations de la Société jouiront d'un crédit au moins égal à celui des rentes sur l'Etat et bien supérieur, incontestablement, à celui des obligations de chemins de fer.

Le capital nécessaire pour alimenter son courant d'opérations ne saurait donc lui manquer. Cela ne peut faire doute pour personne.

IV

DES BÉNÉFICES DE LA SOCIÉTÉ GÉNÉRALE DE CRÉDIT.

La Société générale opère au grand jour. Comme elle fait honnêtement et loyalement toutes ses opérations, elle n'a besoin de les cacher à personne. Ses actionnaires et le public connaîtront tous les mois sa situation, qu'elle publiera à l'exemple de la Banque de France.

Ses bénéfices consisteront :

1° En 1 0/0 une fois payé sur le montant de la somme prêtée ;

2° En une commission annuelle de 60 centimes par 100 fr. pendant toute la durée du prêt ;

3° Dans la différence entre le taux de l'intérêt qu'elle reçoit de ses débiteurs et le taux de l'intérêt qu'elle paye à ses porteurs d'obligations.

Ce dernier bénéfice est tout à fait éventuel et dépend entièrement du crédit de la Société. Nous le ferons figurer pour mémoire.

Les banques qui font ce genre de prêts prélèvent plus souvent un demi qu'un quart pour cent de commission par trimestre.

Les agents de change prélèvent *un huit* pour cent par mois sur la vente et l'achat des valeurs industrielles et de la rente, c'est-à-dire un quart pour cent sur le report.

La commission de la Société générale nous paraît donc excessivement modérée, en raison des avantages immenses qu'elle présente aux débiteurs.

En supposant que la Société fasse seulement 20 millions d'affaires par année, et que la durée moyenne de ses opérations, bien que contractées pour cinquante ans, ne soit que de dix années, la commission sur les opérations faites la première année serait perçue pendant dix ans, et se cumulerait alors d'année en année avec celles des opérations faites postérieurement. On aurait donc, pour 20 millions d'opérations par année en sus de l'intérêt à 5 p. 0/0 produit par le placement du fonds social, le résultat suivant :

1re année, sur 20 millions d'opérations,	droit fixe	200,000 fr.	}	320,000 f.
— 20 mill. —	commiss. annuelle	120,000		
2e année, sur 20 mill. —	droit fixe	200,000	}	440,000
— 40 mill. —	commiss. annuelle	240,000		
3e année, sur 20 mill. —	droit fixe	200,000	}	560,000
— 60 mill. —	commiss. annuelle	360,000		
4e année, sur 20 mill. —	droit fixe	200,000	}	680,000
— 80 mill. —	commiss. annuelle	480,000		
5e année, sur 20 mill. —	droit fixe	200,000	}	800,000
— 100 mill. —	commiss. annuelle	600,000		

et ainsi de suite, jusqu'à 1,400,000 fr. pour la dixième année.

Le fonds social réalisé étant de 10 millions, on voit qu'il y a dans cette faible commission d'un pour cent tous les éléments d'une magnifique opération financière.

Espérer qu'avec tous les avantages que présente aux prêteurs et aux emprunteurs ce système de crédit, on fera 20 millions d'opérations par an, quand les banques actuelles font 400 millions avec le leur, ce n'est certes pas se bercer d'illusions. Aussi sommes-nous bien convaincus que ce chiffre sera dépassé dans une proportion énorme.

Nous croyons en avoir dit assez pour faire comprendre que la création d'une Société générale de crédits sur dépôts de titres, avec condition de remboursement par annuités, répond à deux grands besoins de notre époque :

1º Celui de régulariser la circulation des capitaux en mettant le crédit à la portée de toutes les branches de l'activité nationale;

2º Celui de régulariser le cours des effets publics en substituant au *report*, c'est-à-dire au prêt à intérêt de *dix pour cent* par an, remboursable *obligatoirement* en un mois, le prêt à *cinq pour cent* par an, remboursable *facultativement* en cinquante années.

Cette substitution, conséquence nécessaire de notre système, assurera le classement de toutes les valeurs flottantes qui encombrent le marché, et qui amènent ces perturbations périodiques et *intéressées* auxquelles les événements politiques servent toujours de prétexte.

V

AVANTAGES DE CE MODE DE CRÉDIT.

Tout le monde comprend que si le capitaliste doit trouver toute la sécurité possible en prêtant son capital, il n'est pas moins utile que le producteur trouve la même sécurité, en l'empruntant.

Nous dirons plus, c'est que cette sécurité est une condition essentielle de l'utile et productif emploi des fonds qu'on lui a confiés, une véritable garantie du succès de son entreprise, et par conséquent de sa solvabilité.

En effet, si l'on étudie avec soin les causes qui amènent le plus souvent les catastrophes industrielles, on reconnaîtra que sur dix industries qui périssent, cinq au moins succombent par suite des chances aléatoires de leurs emprunts, chances auxquelles on est toujours dans l'impossibilité de faire face, parce qu'il est impossible de les prévoir à l'avance.

Que seraient devenues par exemple nos grandes compagnies de chemins de fer, si, au lieu d'emprunter un capital qu'elles remboursent par annuités en cent années, elles avaient été obligées de recourir comme presque toutes les autres industries au système de crédit à court terme? On peut affirmer, sans crainte d'être contredit, que toutes ces compagnies auraient succombé sans aucune exception dans de pareilles conditions de crédit.

La Société générale de Crédit civil est donc la première qui soit entrée dans cette voie de progrès; tout en présentant plus de garantie qu'aucune autre Société de Crédit aux capitalistes qui lui prêteront leur concours, elle assure à l'emprunteur une sécurité complète, en lui évitant toutes les chances aléatoires qui lui sont imposées par tous les systèmes *de crédit à court terme* en usage aujourd'hui.

Prenons pour exemple la Banque de France, qui est incontestablement, de toutes les institutions de crédit, celle qui prête, sur dépôt de titres aux meilleures conditions. Cela nous dispensera de toute autre comparaison avec nos diverses institutions financières.

La Banque avance quatre-vingts pour cent de la valeur des titres cotés officiellement à la Bourse. Elle fixe l'intérêt du prêt d'après le taux de son escompte, toujours variable, mais rarement élevé. Elle limite la durée du prêt à trois mois; et elle le renouvelle pour trois autres mois, et successivement, si elle juge que ces intérêts ne courent aucune chance d'être compromis par ce renouvellement, mais elle ne prend, à ce sujet, aucun engagement avec son débiteur, lequel reste, à cet égard, dans la plus complète incertitude.

La Banque impose, en outre à l'emprunteur, l'obligation de parfaire en espèces la moins-value de la valeur des titres laissés en dépôt, si cette valeur, venant à baisser à la Bourse dans l'intervalle des trois mois, ne représentait plus un cinquième en sus de la somme qu'elle a avancée.

Cette dernière clause, déjà fort dangereuse pour ceux qui peuvent rembourser à la fin des trois mois, devient une cause certaine de perte pour ceux qui ne peuvent se libérer qu'au bout d'une année, s'ils n'ont pas la possibilité de rembourser à la Banque, dans cet intervalle, la moins-value qu'éprouvera momentanément mais infailliblement leur titre par suite des variations du cours des valeurs à la Bourse.

En effet, si nous consultons la cote officielle, nous verrons que la rente trois pour cent, qui est moins sujette aux variations que les autres valeurs, présente encore depuis 1850 jusqu'en 1862, entre le cours le plus bas et le cours le plus élevé, une différence qui varie de 15 à 27 p. 0/0, par année.

Il y a donc dans le courant de chaque année, un moment où la rente de l'emprunteur sera vendue par la Banque au cours le plus bas, s'il n'est pas en mesure de lui rembourser cette différence. Or, c'est ce qui arrive à la plupart des emprunts contractés pour plus de trois mois. Nous allons fournir la preuve de ce que nous avançons, en donnant le relevé des plus bas et des plus hauts cours de la rente trois pour cent pendant la période quinquennale de 1850 à 1855. Nous avons choisi celle-ci de préférence, parce que cette période présente des variations bien moins sensibles que celles qui l'ont précédée et suivie.

Voici ce relevé :

Années	Plus hauts cours	Plus bas cours	Différence
1850	58.80	54 »	9 0/0
1851	67 »	54.50	17 0/0
1852	86 »	63.90	27 0/0
1853	81.15	70 »	15 0/0
1854	76.35	62.05	19 0/0

Ce qui donne pour moyenne du cours le plus élevé 76.06, et pour moyenne du cours le plus bas 60.89 ; soit une différence moyenne par année de 17 0/0.

En résumé, tout individu qui emprunte à la Banque de France en comptant sur des renouvellements successifs pendant une année, peut être assuré d'avance, que s'il ne tient pas constamment en réserve une somme équivalente au quart de celle qu'il a empruntée, il sera obligé, avant l'année expirée, de vendre son titre en baisse avec une perte d'autant plus grande qu'il aura emprunté à un cours plus élevé, et il est impossible qu'il en soit autrement.

En ce qui concerne la fixité du taux de l'intérêt, les emprunteurs à la Banque peuvent-ils être plus tranquilles ? On peut en juger par ce qui se passe au moment même où nous écrivons cette note.

Les débiteurs qui ont emprunté à 4 0/0 il y a six mois et qui n'ont pu se libérer au moment de l'élévation du taux de l'escompte, payent aujourd'hui 7 0/0 d'intérêt; sans doute l'élévation de cet intérêt est exceptionnelle, nous l'espérons du moins, mais il n'en est pas moins vrai que, depuis deux ans, cette hausse énorme de l'escompte à la Banque s'est déjà produite deux fois, et que le triste état de la situation financière de l'Europe ne garantit nullement que cette hausse ne se reproduira pas encore plus souvent à l'avenir (1).

Rien de tout cela n'est à craindre pour les emprunteurs à la Société générale de Crédit civil. L'intérêt de leur emprunt est invariablement fixé à 5 0/0. Et comme ils ne peuvent jamais être obligés, soit à rapporter à la Société la différence d'une moins-value de leur titre, soit à la rembourser en cas de baisse; comme ils ont toujours la faculté de se libérer à telle époque qui leur convient, ils sont assurés ainsi, qu'ils ne peuvent jamais faire aucune perte, et qu'il y aura au contraire tous les ans un moment où ils pourront se libérer avec un bénéfice sur la vente de leurs titres, s'ils n'ont pas emprunté au plus haut cours de l'année.

En définitive, si l'emprunteur à la Banque de France court la chance de perdre de 15 à 25 0/0 dans le courant d'une année, par suite de la variation du cours des valeurs, l'emprunteur à la Société générale de Crédit civil ne pouvant jamais être exécuté a positivement la certitude de les gagner s'il a emprunté au moment des plus bas cours.

Si l'on veut supposer maintenant que l'emprunteur à la Banque conserve disponible un quart de la somme qui lui a été avancée, pour parer à toutes ces éventualités, il faut ajouter alors à l'intérêt de son emprunt la perte d'intérêt sur ce capital disponible, et à l'égard de cet intérêt l'avantage reste encore, dans ce cas, à la Société générale de Crédit civil, ainsi que nous allons le démontrer par le tableau suivant:

---

(1) Cette note a été imprimée il y a trois ans. Aujourd'hui, ces énormes variations de l'escompte, dans le cours d'une année, sont devenues pour ainsi dire la règle et non l'exception. Le tableau B, publiée à la page 78 de ce livre, en fournit la preuve.

TABLEAU

présentant pour la fin de chaque année les résultats comparatifs d'un prêt de 16,000 fr., fait sur dépôt de titres, par la Banque de France et par la Société générale de Crédit civil pendant dix années.

ANNÉES	Banque de France.			Société générale de Crédit civil.	
	INTÉRÊT À 4 1/2 0/0.	INTÉRÊT DE LA RÉSERVE DE 4 1/2.	TOTAL	INTÉRÊT ET AMORTISSEMENT.	PRODUIT DE L'AMORTISSEMENT.
1re	720 »	180 »	900 »	1,000 »	123 60
2e	720 »	180 »	900 »	1,000 »	250 89
3e	720 »	180 »	900 »	1,000 »	381 99
4e	720 »	180 »	900 »	1,000 »	517 62
5e	720 »	180 »	900 »	1,000 »	656 13
6e	720 »	180 »	900 »	1,000 »	799 41
7e	720 »	180 »	900 »	1,000 »	946 98
8e	720 »	180 »	900 »	1,000 »	1,098 96
9e	720 »	180 »	900 »	1,000 »	1,255 50
10e	720 »	180 »	900 »	1,000 »	1,416 75
TOTAUX.	» »	» »	» »	10,000 »	1,416 75

Retranchons le produit de l'amortissement. 1,416 75

Les intérêts payés à la Banque étant de. . . . . Reste. 8,583 25

Le prêt par la Société de crédit offre donc un avantage de. . . . . Reste. . . . . 9,000 »

. . . . 416 75

Nous ferons observer que depuis 1855 jusqu'à ce jour, le taux d'escompte à la Banque a atteint : Trois fois 5 0/0 ; — Quatre fois 6 0/0 ; — Deux fois 7 1/2 0/0 ; — Une fois 8 0/0 ; — Une fois 10 0/0, et que nous avons admis théoriquement un intérêt moyen de 4 1/2.

Ces comparaisons, toutes à l'avantage de la Société générale de Crédit civil, ne doivent point être regardées par nos lecteurs comme une critique des opérations de la Banque de France, dont l'organisation modèle rend de si grands services au pays par la circulation de ses billets remboursables à vue et par l'escompte des effets de commerce.

Tout le monde sait que, pour assurer le crédit et la circulation de ses billets, la Banque est obligée d'employer ses capitaux en valeurs réalisables à court terme, ce qui laisse pour ainsi dire son capital disponible et lui permet de pouvoir parer ainsi à tout remboursement éventuel de ses billets. Il ne lui serait donc guère possible de faire des prêts à long terme sans s'exposer à des embarras passagers qui, bien que momentanés, pourraient porter atteinte à son crédit.

Loin donc de vouloir critiquer ses combinaisons, nous nous plaisons à rendre hommage à la prudence et à la sagesse qui président à toutes ses opérations, dont la sécurité importe tant à la fortune publique.

Il ne faut pas croire non plus que la Société générale de Crédit civil fera une concurrence redoutable à la Banque de France pour ses prêts sur dépôt de titres. Au contraire, cette Société, se trouvant toujours en position de pouvoir faire face à toutes les chances aléatoires de ce genre de prêts, deviendra, sous ce rapport, une des clientes les plus importantes et les plus productives de la Banque, car c'est avec des emprunts sur dépôt de titres qu'elle alimentera son fonds de roulement pour éviter les pertes d'intérêt que lui occasionnerait un fonds de roulement en espèces, qui, la plupart du temps, resterait improductif, soit dans les caisses de la Banque, soit dans la sienne.

La Société générale de Crédit civil vient prendre enfin dans le monde financier une place qui n'est occupée par personne ; par conséquent, ses opérations, n'ayant aucun rapport avec celles des autres Sociétés de crédit, ne peuvent nuire en aucune façon à leurs affaires. En cela, cette Société diffère encore complétement des institutions de crédit ses devancières, qui, par la concurrence

désordonnée qu'elles se sont faite entre elles, n'ont pas peu contribué à cette débâcle des affaires au milieu de laquelle le pays
se débat vainement depuis trois ans, sans pouvoir en sortir.

FIN.

TABLE DES MATIÈRES

DEUXIÈME PARTIE.

TROISIÈME PARTIE.

QUATRIÈME PARTIE.

Paris, Imprimerie de DUBUISSON et Cᵉ, 5, rue Coq Héron.

OUVRAGES DU MÊME AUTEUR

L'ISTHME DE SUEZ

ET

LA QUESTION D'ORIENT

Brochure in-8°. 1 fr. Chez Dentu, galerie d'Orléans, Palais-Royal.

ORGANISATION UNITAIRE DES ASSURANCES

RÉFORME DES OCTROIS ET DES CONTRIBUTIONS INDIRECTES

PARIS, IMPRIMERIE DE DUBUISSON ET Cᵉ, 5, RUE COQ-HÉRON. (4999)

www.ingramcontent.com/pod-product-compliance
Lightning Source LLC
Chambersburg PA
CBHW060427200326
41518CB00009B/1513